中国品牌价值管理论坛
Managing Brand Value China Forum

中国最佳品牌建设案例

《21世纪经济报道》 著

21世纪书系

南方日报出版社
NANFANG DAILY PRESS

图书在版编目（CIP）数据

中国最佳品牌建设案例 ［IV］/ 《21世纪经济报道》著. -- 广州 : 南方日报出版社, 2011.8
ISBN 978-7-5491-0245-7

Ⅰ. ①中… Ⅱ. ①2… Ⅲ. ①品牌－企业管理－案例－中国 Ⅳ. ①F279.23

中国版本图书馆CIP数据核字(2011)第170726号

中国最佳品牌建设案例 ［IV］ 《21世纪经济报道》 著

出版发行：南方日报出版社
地　　址：广州市广州大道中289号
电　　话：（020）87373998-8502
经　　销：全国新华书店
印　　刷：广东信源彩色印务有限公司
开　　本：787mm×1092mm　1/16
印　　张：10.5
字　　数：220千字
版　　次：2011年8月第1版
印　　次：2011年8月第1次印刷
定　　价：26.00元

投稿热线：（020）83000503　**读者热线：**（020）83000502

网址：http://nf.nfdaily.cn/press/

发现印装质量问题，影响阅读，请与承印厂联系调换

【目录】

序言　品牌价值优化的动力和途径

这里汇集的案例是入选21世纪报系和Interbrand中国“2010年最佳品牌建设案例”奖项的案例文本记录。这是我们在中国市场上第六次推出这样的案例讨论，其宗旨依然是，为品牌成长的规律寻找带有鲜明中国市场印记的样品。与过去几年的情况相仿，这些案例在一定程度上都折射出了时代对于中国市场上品牌建设者的作用力：随着经济形势的全面回暖，政府的刺激政策开始收敛，市场竞争再次给品牌力量的高度以及塑造和强化品牌力量的途径提出了全新的要求。希望这本案例集能够给读者带来新鲜的思考。

从Interbrand的视角来看，优秀的品牌建设工作都是在两个方向上不断地去努力优化品牌对于业务成长的价值。

一是通过各种内外部传播活动强化品牌的内部根基和外部认知。具体来说，就是想办法去强化品牌与企业业务和文化基因的连接强度，不断审时度势地思考和表达自己的身份，同时更好地适应市场的变化，增加品牌在所关心市场的存在感，并且让顾客感受到自己承诺给予的品牌体验。这是品牌工作的老话题，但是，如何让这个老话题在不断变化的环境下进行得有条不紊、井然有序，则依然是一个重要的挑战。本书所汇集案例的创造者在这些方面都给出了不同程度的回应。

另一个方向是考虑如何将品牌操作的方法更好地与业务运营结合在一起，让顾客在购买决策中更多地受到品牌因素的触动。在这方面，一个可喜的变化是，当下中国市场已经有所积淀的企业或者产品的品牌，不再仅仅停留在简单叫卖的境界，而开始追求某种抽象的形而上学的价值观，以呼应中国普通消费者新的消费趋势，即越来越多地将一个企业或者一个品牌对终极价值观（如对环境、人性的尊重，或者对人性中的积极因素的挖掘和彰显，一个民族的根性传统与文化自尊，等等）的关注程度，作为信任和热爱、消费或购买的重要考量因素。这意味着消费者开始接受更加多样化的、更加可持续的品牌价值信号。这通常是成熟的市场所具有的特征。这种特征使得品牌竞争可以更多地带上感情和文化的因素，从而为中国品牌的成长带来更为广阔的空间。我们可以从中国餐饮市场的繁荣看到对未来世界一流餐饮服务品牌的催生力量。

最后，还要感谢报名参加这次案例评选的企业的品牌团队，以及为2010年案例评审工作付出极大心血的各位同仁，包括卢泰宏教授、赵平教授、陈刚教授、白长虹教授、蒋青云教授、黄升民教授、余明阳教授、王海忠教授以及陈濮先生对案例的精心评点和耐心讨论。借此机会，我还要衷心感谢21世纪经济报道和Interbrand项目小组的诸位同事（姜岚、张卫国、石斌、翁鸣晨、周凌晖、蓝洁等）的大力支持。为了评选活动的顺利进行，他们对案例的征集和评选工作的组织安排，乃至于本书的汇集刊印，都付出了大量心血。相信他们的工作能够对中国企业界的品牌思考起到应有的帮助。

Interbrand中国区主席兼CEO

陈富国

王老吉

广州2010年亚运会高级合作伙伴

一九九五年，『红罐王老吉』问世，凭着对市场的把控、对消费者需求的洞察，王老吉完成了区域的规模性扩张，完成了销量的百亿突破。现在，拥有『中国饮料第一罐』称号的王老吉深受国人喜爱、世人赞叹。

以『亚运有我，精彩之吉』为核心理念，王老吉整合文化、体育、公益、娱乐等多方面要素，精心策划出一系列具有广泛的社会参与性的主题营销活动，更突破以往单一形式的电视广告加主题活动的策略，将媒体联动作为突破口，以电视、网络、平面媒体、户外媒体以及终端运作辐射配合，并充分借助明星效应，强调亚运色彩，彰显品牌个性，为亚运体育营销添上了浓墨重彩的一笔。

王老吉：借船出海，文化成就影响力

1995年，“红罐王老吉”问世，凭着对市场的把控、对消费者需求的洞察，王老吉完成了区域的规模性扩张，实现了销量的百亿突破。现在，拥有“中国饮料第一罐”称号的王老吉深受国人喜爱、世人赞叹。然而，王老吉承载的不仅有民族饮料崛起的使命，还有文化传承和播撒的责任，这迫切需要将王老吉品牌国际化。显然，王老吉的品牌国际化，需要一个释放品牌魅力、彰显品牌价值的平台。

这样的平台往往可遇不可求，因为需要传播的不仅仅是品牌知名度，更重要的是能够将企业或产品的核心价值及品牌内涵展示出来。富有中华传统文化特色的王老吉致力于将自身打造成国际知名品牌，一直在等待最佳的时机与平台。

2010年，第16届亚运会在广州举行。作为仅次于奥运会的综合性体育盛事，广州亚运会以其大规模、高影响力吸引了全亚洲乃至全世界的目光，也成了众多实力雄厚的企业角逐的舞台。王老吉击败了可口可乐等国际饮料巨头，从众多商家中脱颖而出，一举成为第16届广州亚运会高级合作伙伴。

以“亚运有我，精彩之吉”为核心理念，王老吉整合文化、体育、公益、娱乐等多方面要素，精心策划出一系列具有广泛的社会参与性的主题营销活动，更突破以往单一形式的电视广告加主题活动的策略，将媒体联动作为突破口，以电视、网络、平面媒体、户外媒体以及终端运作辐射配合，并充分借助明星效应，强调亚运色彩，彰显品牌个性，为亚运体育营销添上了浓墨重彩的一笔。

凉茶是岭南文化的重要组成部分，站在国际顶级体育赛事的营销舞台，王老吉借助广州亚运会的国际辐射效应，成功地将凉茶展示给了全亚洲、全世界，迈出了国际化进程的重要一步，就如何“借船出海”——利用国际化体育赛事进行营销——为民族品牌提供了一个经典案例。

第一节　志存高远，亚运为“媒”

一、愿景：中国可口可乐

可口可乐现在是全球知名的饮料巨头，2010年其全球营收超过350亿美元，净利润将近120亿美元，截至2010年6月，其市值1500亿美元左右，品牌影响力遍及全球。但二战以前的50多年间，可口可乐的海外影响主要集中在加拿大、古巴、德国等为数不多的几个国家，世界上多数地区并没有饮用这种含咖啡因的碳酸类饮料的习惯。

“要让全世界的人都喝可口可乐!”公司第二任总裁罗伯特·伍德鲁夫上任伊始就雄心勃勃。1941年，美国对日宣战，美国大兵被源源不断地派往前线。伍德鲁夫意识到参战美军是可口可乐潜在的消费者与推销员，他当机立断公开发表声明：“为了支持祖国的正义战争，不论我们的将士走到哪里，本公司将不惜成本，保证每位战士只花5美分就能喝到一瓶家乡的可口可乐。”

为此，可口可乐为广播节目《胜利大游行》提供赞助，雇请100多个乐队在全国各军事基地演奏，宣扬美国必胜，并在驻区设立装瓶厂，同时派遣248人随军提供生产服务。很快，可口可乐成了美国大兵喜欢的饮料，更重要的是，可口可乐成为了美国文化的代表，随着1000多万名美国大兵奔赴全球，迅速建立起全球影响力。二战期间，可口可乐公司在世界各战区共建立了64家装瓶厂，总计卖出100亿瓶饮料。到了20世纪40年代末，可口可乐的销售利润达到了12.6亿美元，其对手百事可乐同比只有2500万美元。

随着中国影响力在全球的扩展，完全可能有一款代表中国特色的饮料品种走向全球，建立像可口可乐那样的饮料王国。而王老吉现在已经具备了一些核心要素：

1. 王老吉凉茶的纯天然草本饮料、吉祥喜庆风格的大红罐等元素，具备了中国文化的符号代表性。

2．王老吉在品质管理上自成体系，从源头到生产、出厂都有一整套规范化的检测流程。在美国被誉为有世界上最复杂、最严格的标准认证，食品饮料进口资格证——FDA认证是很多民族品牌难以跨越的一道门槛。可喜的是，王老吉品牌已经成功通过FDA认证，在美国登陆。就产品的品质而言，王老吉完全有能力承担起打起民族饮料大旗的责任。

3．据2008年3月的官方数据，王老吉2007年销售额超过了其他所有罐装饮料，成为“中国饮料第一罐”。特别是在国内市场，王老吉在罐装饮料上居然超过了世界第一品牌可口可乐，它红遍中国显得尤其有象征意义。四年前王老吉案例第一次受邀参加《哈佛商业评论》整理时，它刚通过针对以可口可乐为代表的汽水的重新定位，在两年内销售额从1亿多元发展到突破了10亿元台阶，而2010年红罐王老吉的销售额达到了160亿元。王老吉在中国本土市场的成功，证明其具备巨大的商业潜力。

就此，王老吉描绘出了打造“中国可口可乐”的愿景，并预期能为中国企业创建世界级品牌做一个示范。然而，就像二战之于可口可乐，王老吉欲跨出国门，让全世界认识、认可凉茶，迫切需要一个国际化平台。

二、跳板：代言岭南文化

作为亚洲规模最大、最具影响力的国际顶级赛事，2010年第16届广州亚运会是继北京奥运会后，在中国举办的又一项国际性大型综合运动会。广州亚运会所面对的是华人相对集中的亚洲，这无疑为正在崛起的中国民族企业提供了良好的拓展海外市场的平台。近年来，王老吉经过品牌的初期定位在中国市场大获成功之后，需要依托国际舞台，加速其国际化进程。而此时的广州亚运会，能为王老吉提供实践国际营销战略的机会，无疑是红罐王老吉进军世界的一个绝佳跳板。

体育营销有着多种优势，借助体育赛事的广泛参与性等传播特点，能够有效地提升企业品牌影响力、提高品牌对消费者心智的占有率、增进品牌与公众之间的情感共鸣，使目标市场潜移默化地感知和接受品牌文化，极大地提升消费者的品牌忠诚度，从而促进品牌概念的升华与拓展。

如果说，此前王老吉主要是针对国内市场，打响国内品牌知名度，那么，在连续多年名列全国罐装饮料市场销量之首、销售份额达到24.6%后，它已经完全具备了进军国际的条件。

作为中国岭南文化的发祥地，广州在亚运会中打出了旗帜鲜明的岭南特色亚运文化牌。亚运会是竞争激烈的体育竞技场，同时也是一个全亚洲人民文化交流的平台，广州亚运会是传播岭南文化的阵地，用岭南特色的宣言，通过亚运舞台把岭南文化推到更广阔的国际背景中去。

众所周知，凉茶文化是岭南文化缤纷画卷中不可忽视的瑰丽一笔，凉茶造福一方，是中国传统养生文化的精粹。王老吉起源于岭南，被两广地区老百姓当作清燥热、解暑热的饮品，凉茶具有地道的岭南文化特征，特别是近十多年来，加多宝集团有效地继承并传扬了这一传统的养生文化，让这个有着180余年历史的品牌，重新焕发出了勃勃生机。凉茶这一具有岭南文化特色的饮品已成功入选国家首批非物质文化遗产，并随着王老吉的扩张，在大江南北流传开来。而亚运会无疑是岭南文化加速度前行的宽敞跑道，也是以岭南文化为土壤的王老吉加快自身品牌建设、加速国际化进程的绝佳选择。

因此，王老吉将亚运营销视作一次具有里程碑意义的、系统化的营销战略，更是红罐王老吉品牌跃升国际的重要转折点。

2009年2月，王老吉与广州亚组委签署协议，正式成为广州2010年亚运会高级合作伙伴，中国民族饮料品牌第一次站在了国际顶级赛事的历史舞台上，王老吉迈出了国际化征程的重要一步。

第二节　起承转合，渐入佳境

亚运营销的意义如此重大，要开展一次成功的体育营销并非易事。

体育营销成功的关键在于企业或者产品的核心价值及品牌内涵与赛事主题存在比较密切的关联点。而在体验经济时代，能否确定最佳的营销主题、嵌入焦点事件、把握受众的心理特征等，都将影响到这次营销活动的成功与否。

众所周知，2010年广州亚运会，作为亚洲体育健儿竞技的舞台、展现自我的舞台以及文化交流的平台，是全亚洲人民共同的盛会，是一个充满激情、欢乐和精彩的盛会。“激情”和“主场”正是王老吉希望借助亚运营销带给亚洲人民的最佳心理感受。王老吉充分剖析了品牌内涵属性及广州亚运会的主旨，整合了文化、体育、公益、娱乐等多方面要素之后，精心策划出了王老吉亚运营销的主题——“亚运有我，精彩之吉”。

对于成名多年的王老吉而言，运用新的营销方式不是问题，关键是如何让这种创新性的营销方式系列化、逻辑化，同时，让这些活动之间有或明或暗的主线进行贯穿，层层递进，让品牌营销活动契合亚运会推进的节拍，慢慢进入高潮。

围绕“亚运有我，精彩之吉”的主题，王老吉精心设计、策划了一系列的活动来对主题进行阐释。“唱响亚运，先声夺金”揭开王老吉亚运营销的精彩序幕；“举罐齐欢呼，开罐赢亚运”进行推波助澜；“点燃吉情，传递精彩”再掀高潮；而“亚运之星”的评点，则让整个亚运营销显得更加丰满。

伴随着亚运会开幕倒计时，王老吉持续上演营销大片，嵌入亚运这一焦点事件，把握受众的心理特征，精彩不断、高潮迭起的大型市场营销活动渐次展开，就像中国古代作诗一样，“起承转合”，四部曲环环相扣，巧妙融合亚运各个不同时期的节点，精准把握整个营销推广的节奏，堪称体育赛事营销教科书式的范例。

一、起：先声夺金，释放精彩

2009年2月签署协议之后，王老吉借助亚运会的高关注度，同时结合品牌定位特点，在当年下半年即推出了全民性的“先声夺金”唱响亚运歌手挑战赛，为王老吉整个亚运营销揭开了序幕。

在亚运主题下的营销活动，一定是面向大众的、全民参与的活动，否则，对于王老吉而言，空有亚运这个好平台，而无法把企业所要传递的信息落到实处，从根本上就埋没了亚运影响的高度和广度。此外，对王老吉而言，营销活动面向大众的同时，喜欢新鲜事物、拒绝墨守成规的年轻族群更是其体育营销的主要目标人群。

作为王老吉亚运营销战略的第一波，“先声夺金——王老吉唱响亚运歌手选拔活动”正好契合了这两点。因为选秀类活动的共性就是活动门槛较低、形式生动、参与性强，并特别适合年轻人寄予梦想。

值得一提的是，王老吉的“先声夺金”并不是一个简单的歌手选秀，而是作为亚运歌手选拔赛，以亚组委官方为背景，最后三强选手可成为官方认可的“亚运歌手”，不仅可以登上亚运会大型庆典文化活动的星光舞台，还有机会与天王天后级巨星一同高歌亚运歌曲，最后夺冠者更可以拥有“亚运金牌歌手”的荣誉称号。这更增加了活动的吸引力。

这场启幕大戏，由于亚运会本身的体育特质，加上近年来电视选秀节目的深入人心，吸引了大众的关注和参与，也成为大众茶余饭后议论的焦点。最终，参赛者达十余万，覆盖人口逾百万。

二、承：举罐欢呼，分享精彩

如果说“先声夺金”活动是一个跑马圈地的过程，那么王老吉的第二步举措则以“黏人”为重中之重，将亚运的声音再次放大，并通过已有的关注者卷入更多的人，即二次营销。2010年6月，联合亚组委共同主办，“举罐齐欢呼，开罐赢亚运”——王老吉亿万亚运欢呼大征集活动拉开帷幕。

未到赛场也可以为亚运欢呼、为亚运喝彩，只要你拥有一颗充满激情的心。这是王老吉举罐欢呼活动想要传达的核心内涵。通过号召全国人民为亚运献上精彩欢呼，来“网聚”全民对日益临近的亚运盛会的关注和期盼，是这场主题活动的目的。

“举罐齐欢呼，开罐赢亚运”活动历时四个月。只要在官方网站上传“举罐欢呼”的图片，或者购买王老吉亚运促销装产品，在支持亚运的同时，可便捷地赢取包括免费精彩亚运游在内的各种亚运奖品。而且还有机会与5位明星共同组成亚运欢呼大使团，共赴亚运会现场，感受精彩亚运。网友上传的“举罐欢呼”图片，还会出现在亚运会的开幕式和各大场馆中，更有机会以特殊方式“精彩亮相亚运开幕式”，向全世界展现亚运的欢呼和热情。

此外，在“举罐齐欢呼”正式启动之后，2010年7月初，广州的主要交通干道上的公交候车亭，均设置了创意新颖的王老吉广告牌，“亿万欢呼大征集，与王老吉一起支持广州亚运会”口号下设有巨型手印，在手印上轻轻一按，屏幕的数字随即上升，参与者即可在一秒钟的参与过程中成为广州亚运支持者的一分子。这样的创新营销方式，也让王老吉的亚运营销更为立体。

王老吉“举罐齐欢呼，开罐赢亚运”活动极大地点燃了人们对亚运会的热情。活动官方网站倒计时100天时，网站访问量的增幅巨大，比平时增加了一倍多，以致官网出现了短时间的瘫痪。截至2010年8月4日，王老吉累计收到各类创意欢呼照片1000多万张。在8月4日亚运倒计时100天当天，更是破纪录地收到10多万张创意欢呼图片，创造了活动开展以来“单日”举罐数量的新高。

全民参与，全民欢呼，但是并不是每一个人都有机会到亚运赛场去感受运动的魅力、拼搏的激情。王老吉给每一个热爱体育、热爱生活的人提供了这样的机会。而举罐欢呼是亚运体育赛场上的吉庆时刻，通过亚运欢呼动作的征集让网友在网络中吉庆互动，进一步宣传和推广王老吉亚运会高级合作伙伴的身份，深化了吉庆时刻要喝王老吉的理念。最终，活动因广泛的公众参与度和对广州2010年亚运会的巨大宣传作用，得到了亚组委及全国社会公众的充分肯定。

三、转：点燃“吉情”，传递精彩

传递圣火，点亮亚运。

亚运圣火代表的是和平、友谊、自信、坚强、乐观的体育精神，圣火传递是亚运会前奏最高潮的时刻，也是王老吉将亚运营销活动推向更高潮的最佳契机。

2010年6月，王老吉与亚组委签约，成为火炬传递特约合作伙伴，全程参与火炬手的选拔工作和火炬传递。王老吉与广州亚运会火炬传递的合作包括市场推广、火炬手选拔、火炬传递沿途活动、为城市庆典提供红罐王老吉凉茶等。

火炬手是社会各方面的佼佼者，也是体育精神和社会责任的践行者，代表着极高的荣誉。人人争做火炬手，这难得的机会，谁也不想错过。只要年满14周岁，具备相应传递路程的条件，民众就可以参与到其中来。同时，民众也可以给自己心目中的火炬手投票。

面向社会公益人士招募亚运火炬手，是王老吉在亚运舞台上继续其公益理念的又一举措。社会公益人士的善举和社会价值观等特质不仅与王老吉一贯关注和参与社会公益、注重企业社会责任的品牌理念相契合，也符合王老吉的企业文化，符合亚组委对亚运火炬手人选的要求。

7月12日至25日期间，社会公益机构向活动主办方推荐各领域的社会公益人士，成为亚运火炬手候选人。被推荐的候选人优秀事迹以及推荐理由在王老吉亚运火炬手选拔活动官网上进行展示。

用加多宝集团自己人的话说是："王老吉的亚运征程始于自身的民族责任感和发展的使命感。亚运会为我们提供了一个发展的平台，我们站在这个国际舞台上，一定能够让王老吉品牌、让中国凉茶'更上一层楼'，创造更加辉煌的成绩。王老吉亚运火炬手是由大众投票和专家评委综合评选出的，他们当中既有专业的社会公益组织成员，也有活跃在各条战线的志愿者；既有年逾古稀的体育发烧友，也有风华正茂的大学生；既有华语乐坛新声代人气歌手，也有为国争光的奥运冠军。王老吉亚运火炬手将把火炬之光带到四面八方，聚集大众的热情共同点燃亚运会开幕式上的熊熊圣火。"

王老吉遴选出来的火炬手代表着社会各个领域、各个层面的主流价值观。这是一份社会荣誉，更凝聚了社会各界的高度关注。其中包括中山站最抢眼的火炬手、获上千名粉丝沿路"护跑"的80后歌手周笔畅；有大学毕业后放弃安稳工作，回到农村自费创办了专为留守儿童提供义务学习辅导和图书阅览的"留守儿童学习中心"的吴兴芬；有身患尿毒症多年却仍不忘公益，为灾区同胞捐款捐物、参与希望工程、资助贫困民工子女的会计师沈雁波；也有"王老吉·学子情"项目的受助学生代表，曾有幸担任奥运火炬传递护卫、国庆六十周年安保工作，并以优异的表现被授予北京市优秀团员称号的学子周波。

在亚运火炬手的选拔与火炬传递中，王老吉将自己的品牌理念和亚运体育精神完美契合，并成功与广州亚运会的精神内涵融为一体，在亚运火炬传递活动中尽情地展示着民族饮料领头企业的风采。

四、合：亚运之星，收官之战

亚运之中，每一位运动员都在为荣誉和骄傲而战，他们当中有初出茅庐的新人，有久经沙场的老将，有虽败犹荣的无冕之王，也有勇破纪录的新科冠军。但不论获得奖牌与否，他们顽强拼搏、挑战自我、永不放弃的精神令人感动、敬佩。

那么，群星璀璨的运动赛场，谁是人们心中最闪亮的一颗？“王老吉亚运之星”，可谓王老吉亚运营销的收官之战。

2010年11月，在广州亚运会举办期间，王老吉携手CCTV、CNTV亚运频道，搭建全民共襄的舞台，让全国人民与亚运会“零距离”，共同参与到亚运会中来，分享亚运激情，共谱亚运荣耀。

“王老吉亚运之星”评选，其特点是：“多渠道”——在王老吉亚运官网和中国网络电视台进行网络投票或发送短信投票；“零门槛”——没有任何限制，全民皆可参加；“全进程”——活动覆盖每一个比赛日；真正打造一个无界平台，让所有人切实参与到亚运中来，感受“一起来，更精彩”的亚运会。

CNTV作为亚运视频第一门户，具有独家的报道资源、一线的现场资讯，与王老吉强强联合，联动推广。用户无需注册，便可通过网络或手机为自己支持的亚运之星投上一票，简单的参与方式，进一步强化了王老吉与“你”共同关注亚运之星、感受亚运精彩的主题，极大增强了用户互动参与性。

亚运赛场最吸引眼球的，当然是各国的体育健儿，尤其是成绩优异的体育明星。“王老吉亚运之星”就以此为契合点，主打亚运明星。林丹、刘翔都以超高的票数当选亚运之星，借助观众对林丹、刘翔的超高关注度，无形之中增加了观众对王老吉品牌的关注和认知，提升了品牌自身的形象和高度。

第三节　多点接触，双向互动

体育营销一直是王老吉营销策略中重要的组成部分，比如，2007年王老吉成为中央电视台2007—2008年体育赛事直播合作伙伴，2008年借助北京奥运会的热浪与狂潮，王老吉与国家体育总局合作推出了“祝福北京，王老吉56个民族共同为北京祈福盛会”大型主题活动。

王老吉深知，包括内容、媒体平台以及线上线下配合在内的传播通道非常重要，因为这些媒介的运用，决定了活动本身的辐射面，进而深刻影响最终的品牌传播效果。尤其是在体验经济时代，只有充分借助立体、交互式的传播方式，才能将体育营销的效能最大化。

王老吉在精心谋划“亚运有我，精彩之吉”活动的同时，特别注重传播媒介的综合利用，有效整合各类媒体，将品牌信息传递给不同年龄层次的受众，通过网络平台开展2.0互动营销，极大地扩展了整个主题活动的广度和深度。利用线上线下共举的立体化传播架构，王老吉进一步提升了知名度，特别是在亚运会赛事期间，在国际友人中强化了王老吉的品牌形象，达到了预设目标，为新技术条件下如何开展整合营销，提供了很多参考意义。

一、媒介整合，多触点传播

以主题活动开篇“先声夺金”唱响亚运歌手挑战赛为例，王老吉开拓性地创建了网络分赛区这一参与平台，并以六大网络媒体为活动官网提供参赛和互动平台，运用了各式传播工具，以任务分工的方式达到了多媒体参与的效果。

首先，王老吉联合广东卫视等全国十大赛区电视台，完成了城市赛区的海选和预选赛的播出工作，并通过密集播出宣传片、大幅增加日播栏目进行活动的宣传、造势，为补强广东卫视的全国覆盖率和影响力，借助光线传媒两档王牌电视节目——《音乐风云榜》和《娱乐现场》，对活动进行了高频次、多形式、持续性宣传，使活动最大限度地覆盖全国电视媒体。

在这一过程中，网络也与电视平台实现了无缝对接。基于不同网络媒体的特点，王老吉充分覆盖了综合门户、视频媒体、BBS平台和SNS社区四类人群最集中的网络媒体，进一步扩大了活动的影响力，保证了人群的抓取效果；创新性地打出“网络复活”规则，突破了以往活动关注者只能看不能参与的局限性，极大地增加了互动性与活动黏性，保证了电视媒体与网络媒体相互支持、相互转化。最后一场电视总决赛，优酷进行了同步直播，有近百万网民在线收看，带来了极大的网络曝光率，增强了王老吉与消费者持续的双向互动。

在通过多重组合的方式与媒体进行资源共享与联动的同时，每一个城市赛区的海选和预选赛现场，都是王老吉的亚运宣传广场。在某些中心赛区，王老吉亚运营销主题词“亚运有我，精彩之吉”高高竖立在广场的中心位置。而字幕条、角标等道具在电视节目中的巧妙运用也让王老吉品牌无处不在。

此外，对明星效应的运用，也是王老吉亚运营销的一大亮点。“先声夺金”海选的启动仪式，邀请了超过57位明星出席，吸引了众多媒体进行报道。在赛程中，“歌坛老将”常宽、“毒舌评委”黑楠、“谈笑风生”刘铭洋、“才女歌手”丁薇、“高音王子”林志炫等共同打造豪华评委阵容，并邀请韦唯、杨坤、奥运冠军邢傲伟作为神秘嘉宾到现场为所有选手加油，借力明星与参赛者、观众的互动，将活动效果推至高潮。“先声夺金”从海选到全国总决赛，共邀请了11位世界冠军组成冠军报道团，连续采访了10城市19场“先声夺金”活动。而由著名音乐人小柯词曲创作、“先声夺金”全国总决赛33强演唱的活动主题曲《亚运有我，精彩之吉》更是成为了号召各阶层民众关注亚运、支持亚运、参与亚运最好的工具。

在“举罐欢呼”活动中，更有千位文体明星倾情加盟，既有成龙、舒淇这样的影视巨星，也有胡佳、邢傲伟等体坛名将。各路明星纷纷带领粉丝团为亚运“举罐欢呼”。而陈楚生、BOBO组合、周笔畅、张杰和尚雯婕五大人气歌手带领歌迷欢呼声量大对决，更是将亚运激情进一步引爆。

王老吉还利用“亚运倒计时”活动，有效地实现了与公众更多的接触。王老吉选取CCTV-5与亚运、体育赛事关联性最高的新闻栏目定制王老吉亚运倒计时板块，体育新闻、体坛快讯、体育世界栏目中，均定制了相关板块，包括王老吉35秒亚运精彩时刻、主持人口播等，借助央视体育频道的高影响力和覆盖率，有效地、高频次地传播了王老吉成为广州亚运会高级合作伙伴的信息，给观众以强烈的记忆点。

相类似的体现很多，比如在“王老吉亚运之星”活动宣传中，王老吉同样整合广播、报纸、候车厅等媒介资源及终端渠道资源进行立体传播。

二、 2.0互动，引爆全城

在Web2.0的互动整合营销时代，以网络平台为主体，结合多样化的电视策略，为更多公众提供展现激情、分享激情的机会，将能强化品牌营销的深度。

2010年11月16日，在“举罐齐欢呼，开罐赢亚运”亿万亚运欢呼大征集中评选出的欢呼声量最高的30位活动参与者和5位人气明星共同组成“王老吉亚运欢呼大使团”，身着加多宝集团为他们特别提供的亚运游装备，参观了位于广州天河体育中心的加多宝亚运体验馆。加多宝亚运体验馆分为王老吉区、中庭区、亚运活动区、公益区、火炬拍照区、昆仑山、互动拍照和畅饮区等几大部分。

其中，“王老吉区”还原了历史上凉茶铺的真实场景，重点展示了凉茶始祖王老吉的百年发展历程。在音响模仿的老街嘈杂声和家庭作坊式凉茶铺日常经营的场景下，游览者仿佛置身于百年前的老广州街巷，再现了百年前的王老吉凉茶铺，让游览者领略到王老吉凉茶药食同源的悠悠历史和百年传承。把浓浓的岭南文化和“中国饮料第一罐”的气概以别具一格的形式呈现给世人，让民众近距离感受岭南文化的独特魅力。

“王老吉亚运欢呼大使团”还受邀到亚运现场为运动员加油助威，畅享“精彩亚运游”，为亚运欢呼，向亚运献礼。2010年11月16日晚，王老吉“亚运欢呼大使”一起来到亚运城体育馆体操比赛现场，和现场观众一起为运动员加油。

此外，“举罐齐欢呼，开罐赢亚运”活动开展的四个月中，只要在官方网站上传“举罐欢呼”的图片，或者购买王老吉亚运促销装产品，在支持亚运的同时，还可便捷地赢取包括免费精彩亚运游在内的各种亚运奖品。网友上传的“举罐欢呼”图片，还会出现在亚运会的开幕式和各大场馆中，更有机会以特殊方式“精彩亮相亚运开幕式”。每天1000万个中奖机会、亚运吉祥物套装、话费和欢呼作品网络展示机会，一亿个吉币（活动期间在活动官网可等值于1Q币），可用于兑换腾讯公司量身定做的各种奖品，如王老吉亚运真人QQ秀和QQ红钻、蓝钻、黄钻等，可谓优惠诱人。

各种明星造势活动中，王老吉也有意设置互动环节。比如，“五大人气歌手欢呼声量大对决”活动中，获得最高欢呼分贝的陈楚生获得举办个人演唱会的机会，所有粉丝更可通过购买红罐王老吉赢取吉币、兑换演唱会门票，幸运者还有机会免费去广州看亚运会，一起为亚运加油助威。这些都增加了消费者，尤其是年轻人群体的品牌黏性。

三、数据说话

据零点公司发起的“城市关键活动影响力研究SIKCE——广州亚运会”赞助商的识别度和认知度调查结果显示，在接受调研的30个企业样本中，公众普遍认为是亚运赞助商的前10个企业中，有一半并非亚运赞助商；而公众普遍认为不是赞助商的10个企业中，有9个是真正的亚运赞助商。可喜的是，近40%的公众能识别王老吉的亚运赞助商身份，北京、上海、广州三地的识别率高达50%，相比其他知名大企业20%左右的识别率，王老吉的这一成绩相当突出。

知名网络数据公司缔元信同样发布了一份网民对品牌及亚运赞助商身份认知度的调查，结果表明在网民对品牌的认知度调查中，王老吉以85%的品牌认知度和48%的亚运赞助商认知度名列双榜之首。

需要说明的是，关于王老吉在亚运会前后知名度的对比状况，虽然缺乏相关权威数据，但是，通过赛场内外立体的营销覆盖，以及大量的线下促销活动，完全有理由相信，更多的国际友人认识了中国的凉茶文化，开始了解、认可王老吉，无疑，这为将来王老吉更大规模的品牌国际化运动奠定了基础。

据统计资料表明，一个企业要想在世界范围内提高自己的品牌认知度，每提高1%，就需要2000万美元的广告费，而通过大型的体育比赛如奥运、世界杯等，认知度可提高10%。无疑，体育营销具备成就品牌的能量。

亚运会给王老吉提供了一个绝佳的推广平台，借助与广州亚运会匹配的岭南文化契合点，王老吉有力地抓住了北京奥运后最大的体育营销机会，成为广州亚运会的高级合作伙伴，大大提升了品牌形象。通过“先声夺金”、“举罐欢呼”、火炬接力等环环相扣的主题活动，王老吉将“亚运有我，精彩之吉”的核心理念贯穿始终，吸引报名人数超过10万，受影响的人群达到一亿以上，为民族饮料品牌在后奥运时代的发展提供了一个成功的营销范本。

同时，纵观王老吉的亚运营销，其对线上线下、新旧媒体、娱乐公益等营销互动部分，整合的意识和操作能力非常突出。除了电视、报纸等传统媒体和网络新媒体的紧密配合外，往往宣传和终端促销齐头并进，加上亚运火炬传递等活动，使线上宣传和线下活动得到有机整合，通过各个触角的协力来进行人群接触，借助协同作用使活动的声势和影响力加倍放大；同时在文化、娱乐、公益三端同时发力，围绕品牌的宣传目标和价值内涵，满足多元化的诉求，最终形成系统的营销布局。

更重要的是，需要在国际化的背景下考察王老吉这场营销活动。一个民族，一个国家的崛起，其背后一定有着深厚的文化力量支撑，一个产品的崛起也必然需要强大的文化力量支撑。如今，王老吉已成为中国凉茶的代名词，成为岭南凉茶文化的一个象征符号。因为具有深厚的文化根基，王老吉才能风靡全国，而只有在中华民族实现复兴的时代背景下，王老吉才有机会代表中国文化走向全球，建立其全球范围内的品牌影响力，正如可口可乐代表美国文化一样。2010年广州亚运会，王老吉“借船出海”，向品牌国际化迈出了可贵的一大步！

【专家点评】

蒋青云（复旦大学管理学院市场营销系主任、教授、博导）

依赖品牌重新定位成为市场领导者

红罐王老吉依赖重新定位成为我国饮料市场领导者的案例，常常被我应用于各类营销管理课程中。每一次讨论都能激发起同学们对于其品牌定位及沟通策略的强烈共鸣。

“机会总是留给有准备的人。”2010年广州亚运会的举办，王老吉顺利成为赞助商，从而开启了王老吉国际营销的大门。总能抓住大的市场机会，是加多宝集团市场营销的核心能力。一如多年前刚刚获得授权开始王老吉品牌经营之初，大胆走出两广，面向全国市场进行品牌的重新定位而取得辉煌业绩一样，加多宝集团在亚运营销方面同样进行了全面分析和规划，同样取得了令人满意的营销成果。

作为一次重要的事件营销活动，王老吉品牌和亚运会在“契合性”方面十分合拍。王老吉一向注重体育营销，常常借运动来传递其“健康”的品牌内核。而王老吉源自广州，也使王老吉和广州亚运会同样具有可能的“主场”优势。在主场唱主角就成了王老吉亚运营销的主旋律。

在整合营销沟通方面，加多宝集团显示出了其作为行业领导者全面的策划、运作和管理能力。比如“先声夺人”将亚运歌手选拔和亚运初期推广等活动结合起来，充分覆盖了综合门户、视频媒体、BBS平台和SNS社区四类人群最集中的网络媒体，从而扩大了亚运会的影响力，也提升了王老吉的品牌形象。

而“举罐齐欢呼，开罐赢亚运”阶段的营销活动，则充分利用网络平台，激发了商家与顾客、顾客与明星以及明星与社会之间的有效互动，从而在短时间内集聚了多种社会力量，实现了大范围、高强度的品牌传播。

加多宝“亚运体验馆”的设立，几乎是一种全新的营销创新，将品牌精神和亚运会联系在一起，加深了受众对王老吉品牌的理解，也使受众在体验中进一步感受了亚运精神。

“王老吉亚运之星”的评选虽然是比较传统的活动，但因为与亚运赛程同步进行，有相当大的动态性和变化性，所以仍然魅力无限。加之中国运动员的出色表现，“王老吉亚运之星”频频登台，从而使传播效果得到大范围的巩固。

总体上看，加多宝集团很好地把握了亚运会的历史机遇，并娴熟地运用了整合营销的策略、手段和技巧，让王老吉的品牌传播取得了预期的效果，并为其国际化战略奠定了较好的市场基础。

“升级”雷士：从专业品牌到大众品牌

流光溢彩的竞技场，灯光的效果举足轻重。

对照明企业来说，在体育场馆的招标中获得巨额订单，是展示自己产品实力的绝佳机会。因此，从北京奥运会、上海世博会，再到广州亚运会，这些赛场已然成为兵家必争之地。

2010年11月12日，亚运会正式拉开帷幕。点亮这个体育盛会的，是本土品牌——雷士照明控股有限公司（02222.HK）的产品。作为本届亚运会灯光照明产品供应商，雷士在研发、生产以及营销等方面，都投入了重金。

与体育盛事相结合，是雷士照明营销推广战略里重要的一环。但是，作为一家规模不断扩大，希望从专业领域渗透到大众市场的公司，其营销策略也有了更多元的考虑。

第一节　照亮赛场

分别在2006年和2008年获得软银赛富、高盛投资的雷士照明，是一家专业从事照明产品生产、研发、销售、服务的企业。其产品系列涵盖光源电器、商业照明、光源电气、家居照明、户外照明、电工产品、综合布线等七大种类60余个系列数千个品种，并于2010年5月登陆香港联交所主板。

当国内照明企业还普遍在做OEM（来料生产加工）的时候，吴长江成立的雷士照明已经开始做自主品牌和ODM（来料设计加工）。1998年底成立以来，雷士逐步开始依靠自有品牌营销，建立了自主研发能力和服务体系，销售业绩保持年均80％的增长速度。

在中国内地，雷士照明目前在广东、重庆、山东、浙江、上海共设立五大生产基地，占地面积超过100万平方米，成为国内产能最大的照明企业。此外，雷士还分别在英国、澳大利亚、美国、中国香港成立四大产品设计中心，并且在欧洲、北美、东南亚、南亚、中东等30多个国家和地区设立了经营机构，展开国际化营销战略。

2010年年内，雷士照明保持原来的36个独家区域经销商运营，不断扩张销售网络，净增加专卖店349家，到2010年底达2810家，覆盖城市1851个。

随着雷士照明实力的不断提升，品牌知名度不断提高，雷士照明无论从研发能力、产品设计能力、制造能力，品牌实力还是承接大工程的能力而言，都具有不可估量的优势。雷士照明需要在更多世界级的大型照明工程上寻求突破，为世界打造经典照明工程。

而早在2008年北京奥运会，雷士不仅中标北京奥运工程项目，而且还是中标项目最多、金额最大、工程产品应用最广的中国照明企业。因此，在奥运项目之后，雷士又继续进军广州亚运会。

2009年12月25日，作为国内照明龙头企业，雷士照明与广州亚运会组委会召开新闻发布会，正式签约成为广州亚运会灯光照明产品供应商，为广州亚运会提供优质的灯光照明产品和服务。

据介绍，依据亚运项目的需要和场馆的设计，雷士照明自主研发了多种节能照明产品，运用在亚运场馆和配套设施的照明和LED户外景观装饰中，亚运场馆中所用

的节能灯管比普通的白炽灯减少4/5的能耗，符合“低碳亚运”的理念。据悉，本次亚运场馆中，雷士负责包括运动员村、媒体村南区、亚运城体育综合馆、亚运城运动员餐厅等亚运场馆及配套设施的照明工程。

第二节　体育盛事情结

追溯起来，雷士照明这种与体育盛事结合的理念，源于2008年。

雷士新闻发言人石勇军介绍道：“2008年是雷士承接国家大型项目的突破年。在2008年奥运会期间雷士参与了北京奥运会的灯光照明工程，负责奥运村、国际会议中心和国家体育馆等处的照明工程。经统计，我们是中标金额最大、中标项目最多、产品应用范围最广的中国本土照明企业。”

借着奥运搭建的国际性舞台，雷士也充分显示了本土品牌在研发、创新方面的反应速度，同时积极开拓国际市场。据悉，雷士照明收入主要来自中国市场，但国际销售收入也增长迅猛，占总收入的比例从2007年的8.5%上升至2009年的20.7%。

奥运一役后，雷士开始参与上海世博会项目。2010年5月，全球瞩目的上海世博会召开。在2010世博会照明工程竞标中，雷士照明突出重围，在世博盛宴中大面积中标重大照明项目。这是继2008年参与北京奥运会照明项目、2009年签下广州亚运会照明项目之后，雷士照明又一次在国际性大型项目上大展身手。“最具有代表性的世博轴和地下工程，包括零碳馆和上海新的虹桥机场基础照明和整体重点照明都是由雷士来做的。”石勇军告诉记者。

据介绍，从2009年5月起，雷士陆续中标上海虹桥交通枢纽、世博公园户外景观、世博村酒店公寓、世博城市最佳实践区、世博罗阿馆、世博轴地下空间、世博庆典广场、世博C地块场馆室内照明项目（含100多个国家的场馆）以及上海外滩十六铺码头的照明改造等一系列重大照明工程。

在石勇军看来，国内自主品牌已经在照明行业里迅速成长，行业集中度已有大规模提高，与此同时，行业大规模的整合和淘汰已经开始。而在参与这些体育盛会的基础设施建设的同时，对品牌建设与口碑传播也起到了积极的作用。

目前整个中国照明行业的品牌较为分散，有超过1万家的照明电器生产企业。中国照明电器协会表示，中国照明行业总年度销售额已从1998年的50亿美元增至2008年的337亿美元，年复合增长率达21%。“前三家国内品牌公司的销售额仅占中国照明产品总销售额的2.5%左右。”不过，石勇军也表示，正因为市场格局尚未明朗，也给国内品牌留下了突围崛起的空间。

1998年成立的雷士照明，销售业绩保持年均两位数的速度增长，初期以商业照明切入商场酒店照明工程，后逐步进入市政项目和家居照明市场。而后，为了在消费者心目中树立品牌形象，雷士开始往两个方面发展：一是产品研发方面，推出更多的适用于大众家庭使用的产品；二是在二三级市场建立终端销售渠道，提升雷士在消费者心目当中的市场地位。可以说，对原本田园牧歌式的照明市场，雷士选择了主动出击。如今，这个行业已经进入加速整合、优胜劣汰的洗牌阶段，雷士则牢牢站稳了脚跟。

而国际性体育盛事的营销，也给雷士各地经销商在销售上带来了同步的宣传效果。据了解，各地经销商能快速、高效地提供供应链服务，使得雷士加大品牌营销推广的同时，其售后服务也有了坚实的保障。

据悉，雷士目前在中国内地有广东、重庆、山东、浙江、上海总面积超过100万平方米的生产和制造基地。此外，雷士在中国香港、英国、美国、澳大利亚等地也建有产品设计中心，并在40多个国家和地区设立了经营机构，展开国际化营销战略。

石勇军表示，雷士照明抓住了体育盛事的机会，通过大事件的效应，提升品牌的知名度与美誉度。而接下来，雷士还会抓住“绿色照明”的机会，在政府补贴节能灯推广的时期，让更多的老百姓知道雷士，用上雷士的节能灯。

据了解，为顺应国际社会淘汰白炽灯的进程，进一步推动中国绿色照明工程，2009年国家发展和改革委员会与联合国开发计划署（UNDP）、全球环境基金（GEF）联合启动了“中国逐步淘汰白炽灯、加快推广节能灯”项目。这个贯彻低碳经济的项目的实施，无疑也是照明企业顺势营销的机会。而雷士，在这场国内外品牌的较量中，努力拔得头筹。

第三节　跨界营销

对雷士来说，营销的对象除了要相匹配，还要有所创新、出人意料。如果说，赛事赞助是雷士已经用得娴熟的营销模式，那此次与影视业的结合，则备受人们关注。

“跨界”（crossover）其实代表着一种新锐的生活态度与审美方式的融合，原本不相干的元素结合在一起，能通过互补产生新的认知。在很多人看来，照明行业是个较为传统的行业，营销的渠道充其量就是上央视，或者赞助与其产品相关联的市场。例如赛场就是照明行业的必争之地，场馆照明竞标金额大、所需灯具多，是行业内的企业都会竭尽全力争取的市场。但是，影视行业则不然。人们时常会在电影或影视剧播放前后看到消费品的广告，但却几乎没有见到过照明品牌的广告。

2009年11月12日在北京孔庙，雷士照明举行了与史诗电影《孔子》的全球战略合作伙伴签约仪式，雷士照明斥资1000万元，成为史诗电影《孔子》全球独家战略合作伙伴。

为什么选择赞助这部影片？在雷士照明董事长吴长江看来，“要创新，别人在唱，你就要跳，别人跳的时候，你就要另外换一个方式”。成为史诗电影《孔子》全球独家战略合作伙伴，就是雷士照明创新营销的尝试。

据雷士自己的分析，携手《孔子》，雷士照明至少可以从两方面获益：

其一，搭建广泛的沟通平台，强化大众品牌。欲向大众品牌靠拢，就要选择大众喜闻乐见的传播形式。雷士照明选择了电影。相比在其他强势媒体砸广告式的宣传，电影震撼的视觉、动人的情节和深邃的思想，甚至特定的放映环境，都更容易受大众喜爱。而史诗巨片《孔子》则拥有堪称“华语梦之队”的中国电影最强阵容：著名导演、奥斯卡最佳摄影奖得主、奥斯卡最佳服装设计奖提名、国家级配乐大师等，再加上周润发、周迅、陈建斌、马精武等重量级演员，可谓群星闪耀。《孔子》还未上映，广大观众就对“华语梦之队”如何传神塑造中华历史上的千古圣人充满了期待。雷士的贴片广告也能借势《孔子》赚足观众的眼球。

此外，孔子深邃的思想影响渗透到社会的各个阶层，下到普通百姓，中及社会文化精英，上达国家政府，由国内到国际，可以说，雷士照明借电影《孔子》为自己搭建了最广泛的沟通平台。

其二，通过文化传播，打造世界品牌。“创世界品牌，争行业第一”是雷士照明成立之初就定下的目标。吴长江总裁表示，运营至今，雷士“争行业第一”的目标基本实现，在下一个十年，雷士人要着力打造“世界品牌”。雷士也一直在寻找一个让世界了解中国照明品牌的机会，终于，雷士找到了《孔子》。孔子不单单属于中国，他的智慧是全人类文明的共同财富。借助孔子的全球影响力，雷士照明获得了一次向世界树立品牌形象的机会。

就像好莱坞大片一样，好莱坞大片带来了美国文化，有了对美国文化的认同，对美国品牌的认同和欢迎自然水到渠成。雷士赞助《孔子》也是想实现通过中国文化输出来助力中国品牌走向世界的宏愿。

在此次与《孔子》的合作中，雷士照明采用了全程贴身跟进的传播形式。具体活动有以下几个方面：

1. 2009年11月12日举行盛大的签约仪式，当天有近200家媒体出席，见证雷士照明成为《孔子》的独家拍摄赞助商。

2. 雷士照明陆续参加了《孔子》在北京、上海、广州、成都和曲阜的全球首映礼，并在首映礼上展示了雷士成为北京奥运工程和广州2010年亚运会灯光照明产品供应商的相关图片。作为影片的独家拍摄赞助商，雷士照明总裁吴长江应邀出席了北京首映礼。此外，香港和台湾的首映礼，雷士当地经销商也参与其中。

3. 电影《孔子》以2500个拷贝的特大发行规模创造中国影史之最，在中国影史上更是空前绝后的最大手笔。而雷士照明作为独家拍摄赞助商的贴片宣传广告也将跟随影片《孔子》在全国数千家电影院线播放。充满中国古韵的雷士照明30秒钟贴片广告，内容结合孔子 “仁、义、礼、智、信”等思想内容，展现了雷士诚信服务、创新进取的企业形象，传达了具有深厚人文意味的品牌理念。

4. 从2010年1月下旬至2010年3月（虎年春节期间），雷士推出“购雷士，赏《孔子》”史上最具影响力的大型促销活动，在此期间，到雷士全国2000多家品牌专卖店购买雷士产品，均有机会获赠由雷士照明倾情提供的《孔子》电影票。

5. 雷士还从电影《孔子》方面取得了形象广告的授权。从2010年1月中旬开始，雷士照明在全国各大机场进行了密集型的机场广告投放，涵盖了机场刷屏广告、机场户外大牌广告、航空平面媒体广告等。除机场外，雷士还在国内所有高铁媒体、重点大众媒体投放了大量形象广告。

6. 国内外各大权威经济类报刊记者、行业媒体记者纷纷以雷士签约赞助《孔子》作为一大可圈可点的营销案例进行跟踪报道。

第四节 升级雷士

表面看来，雷士赞助赛事和电影的行为并不相干，但却有着内在的逻辑关系。

以赛事赞助为主要营销策略的2008年，也是雷士照明在二三线市场的深耕年。

通过对省会城市的深化，雷士照明开始了渠道下沉的摸索，从二线城市开始，直至三四线城市，通过发展代理商，雷士完成了新的渠道拓展。而这样的体系，一方面，在赛事营销的辐射效应下，二三线城市的客户开始认识到雷士的品牌，而就近的经销商可以实现快速供货；另一方面，通过大事件、大营销的放大效应，加上完整的渠道布局，雷士在行业内奠定了专业的地位。

目前雷士在全国拥有36家运营中心、2000多家品牌专卖店。运营中心同时承担区域管理、品牌运作的职能，对于渠道深耕、资源整合起到了重要的促进作用。

在吴长江看来，雷士这么多年的发展，一直靠的是快速反应、冒险决策。"通过快，我们赢得了市场，获得了今天的地位。在创业初期，这种做法是对的，也是应该的。如果不快，怎么追得上有规模的企业？对手都是销售额几个亿、十几个亿的企业，小公司怎么能和它们竞争？因此，只有用'快'去胜它们的'规模'。"

但是，一家企业时刻保持着飞速奔跑的姿态，并不利于企业的长期发展。例如雷士照明，在企业销售规模做到40亿元，且相继获得风险投资的高额资金后，吴长江开始有意识地控制节奏。

2006年8月，软银赛富以2200万美元入股雷士照明，成为主要股东。2008年8月，软银赛富继续通过行使认股权证和购股的方式投入1000万美元。与此同时，高盛以3655.56万美元入股雷士照明。

"雷士开始引入投资后，就不能用这种方式（指一味强调'快'）了，做什么事，都要考虑风险。（因为）机构投资者的风格是宁愿稳、宁愿速度放缓，也不要太冒进。"吴长江如是表示。而在营销策略上，由于有了更雄厚的资金实力，雷士对品牌营销的策略，也有了新的思考。

对雷士来说，赞助电影，借助《孔子》的全球影响力和号召力，是为了达到从行业品牌转为让更多消费者熟悉的大众品牌这一目的。因为发展至今的雷士照明，市场的发力点不仅仅是户外照明和商业照明，它还希望能在家居照明等方面与消费者有更亲密的接触。

不过，对雷士来说，这样的尝试只是第一次，仅凭一次的大型营销并不能一下就进入消费者心里，因为营销是一项长期且系统的工程，进入大众领域，雷士的品牌仍然需要打磨。

2010年5月20日，在香港股市动荡不定的情况下，雷士照明在香港主板成功上市。此次上市募资所得，有近30%用于内地及国际市场的投资计划，其中包括潜在收购机会、结盟、联营及策略性投资；约25%用于品牌营销策略及提升销售网络；约25%用作资本开支；约10%用于提升研发能力；另外约10%则用作一般运营资金。

从长期来看，实现更为宏大的市场投资和品牌建设是雷士照明上市的重要目标，通过上市，其将完成打造国际化品牌战略部署的关键一步。

在香港上市以来，雷士照明迎来了更大的发展机遇。2011年7月18日，雷士照明签约成为“亚奥理事会照明及服务合作伙伴”。根据双方签约协议，雷士照明将为今后亚奥理事会在亚洲地区所开展的赛事活动提供专业的灯光照明产品及服务方案。亚奥理事会（全称“亚洲奥林匹克理事会”）是全面管理亚洲奥林匹克运动的唯一的组织，雷士照明选择与其签约合作，无疑对雷士照明在亚洲市场乃至国际市场的拓展带来巨大的发展机遇。

与此同时，2011年7月16日，雷士照明还与天津东亚运动会组委会签订合作协议，雷士照明正式成为“2013年天津东亚运动会照明及服务独家供应商”。对于近期频频与体育盛会签约，雷士照明吴长江表示，签约国内外体育盛会，有助于雷士照明今后参与重大体育照明工程的项目建设，提升雷士照明在国内外的品牌知名度和影响力，加快雷士照明国际化进程。

据麦肖锡最新报告显示，预计2020年全球照明市场达1100亿欧元。而我国照明电器行业近十几年来保持了快速、稳定、持续发展的态势，2010年行业销售额也超过了3000亿元人民币，出口额达到185亿美元。全国照明电器生产企业超过1万家，我国已成为全球照明产品生产和出口大国。但我国照明企业的特点是规模小、数量多。在这样的背景下，拥有品牌实力的企业无疑会继续保持领先优势。对雷士照明来说，继续拓展国内份额的同时，也在试水全球扩张，而要成为一个全球的知名品牌，对这家公司来说，无疑是艰巨的挑战。

【专家点评】

王海忠（中山大学管理学院市场学系主任、教授、博导）

借助事件营销来推广其品牌知名度

雷士照明的主营业务是照明系列，目前已具有相当规模。纵观雷士照明的品牌建设之路，其主要闪光点是事件营销。无论是体育事件还是影视事件，雷士照明很能够借助特殊的、有轰动效应的事件来推广其品牌知名度，这种品牌杠杆战略是值得其他中国品牌借鉴的。

雷士照明所面临的挑战主要来自于行业竞争及增长态势。目前照明行业竞争十分激烈，该行业“前三家国内品牌公司的销售额仅占中国照明产品总销售额的2.5%左右”。这说明国内照明企业尚无一家在市场上占有举足轻重的地位，更别说有一家市场领导者了。这样的行业结构，不利于建立行业竞争规则。行业中的领先品牌（如雷士）必须借助并购，做大规模，进而建立行业竞争秩序。其次是行业未来的发展趋势。照明行业按照技术先进性主要分为荧光灯、节能灯、LED。从长远来看，LED是未来照明技术的发展方向，也是国家政策导向。目前雷士的主要竞争对手有士兰微、联创光电和厦门信达等。这些企业对雷士照明构成了一定的竞争压力。三星、松下等大鳄纷纷进入LED照明产业，对国内厂家构成相当大的威胁。最后，目前国内照明行业的发展跟建筑行业息息相关，其主要利润点之一就是各地区的光亮工程以及大型建筑景观等（例如广州的“小蛮腰”）。这些建筑景观的照明工程主要由三股力量组合完成，即学院、独立照明设计公司和照明工程公司等。因此，照明企业要想进入这些市场需要有机整合这三股力量。

雷士照明的事件营销取得了显著效果，在渠道布局方面正在一步步跟进，稳扎稳打。但以下几方面还须深入思考：一是还需要有更清晰的品牌战略。目前，公司主要关注事件营销，但品牌塑造需要持续、清晰的品牌战略。例如，雷士必须清楚自己在哪些方面区别于竞争对手。高效节能，绿色环保等理念，竞争对手也可以照样提倡；各家品牌都做LED，雷士LED的主要特色在哪里？二是需要建立市场联盟。目前雷士的主要盟友是风投公司、体育举办方和影视制作者。但对渠道盟友特别是上游渠道（如上面提到的三股力量的联盟），雷士尚未形成一个清晰的联盟战略。三是在消费者教育方面。针对消费者的现有营销策略主要是电影营销（以赞助电影票等方式，来扩大其在消费者当中的影响）。这有一定的影响，但还需要更深入的营销。例如，对于LED，雷士需要让消费者认识到LED对自己的好处。在向三四线城市推进的过程中，尤其需要消费者教育。因为这些市场的消费者不如一线城市消费者那么成熟。最后一点是产品研发方面的问题。照明产业未来的发展不仅仅是节能技术的发展，更重要的是设计思想的发展。因为照明行业不仅仅具有照明功能，还具有审美功能。因此，仅依靠发展节能技术是远远不够的，如何从艺术文化的角度来把照明产品制作成一个艺术品，似乎更有价值一些。这一点除了在大型建筑景观方面之外，普通消费者也需要具有审美价值的照明产品，最典型的就是客厅的照明设施，其艺术效果和文化品位是打动消费者的重要因素。

Power Dekor®

圣象 用爱承载

一九九五年，一支成员大多来自家用电器、消费电子和快速消费品行业的管理团队，决定进入当时市场成熟度尚处于史前时代的地板行业。二〇〇八年，圣象在美国房地产十年最低谷时『进场抄底』，宣布与美国地板贸易公司Home Legend和韩国销售公司Welliam签订并购协议，以股权收购的方式取得对合作方的控制权。在此基础上，公司还获得了俄罗斯、南美、欧洲等地的森林基地，率先打造起全球的货源供应链。

圣象一步步地完善自身的服务体系。公司谋划推出了『圣象地板管家』的服务品牌，并成立了名为『圣象家园』的客户俱乐部。在此基础上，公司开通了二十四小时服务热线，并在全国设立了五千个服务站。在圣象的两万多名员工中，有几乎一半的员工是安装工人。

圣象："低碳"式的绿色扩张

2008年，在各国政要、跨国企业以及经济专家共同参与的"夏季达沃斯论坛"上，圣象集团执行总裁郭辉的到来，标志着中国木地板行业品牌的首次现身。更令他振奋的是，此次夏季达沃斯论坛被命名为"新领军者年会"，圣象以国内强化木地板产品10%以上的市场份额，稳持中国木地板行业的唯一入场券。

亮相国际论坛的背后，正是圣象多年来依托产业链优势、践行国际化路线的结果。这一发展策略不仅成就了圣象今天的成功，从对行业发展的启迪来看，圣象的模式，也为中国自主品牌的壮大与发展，提供了极具价值的蓝图范本。从中我们可以看到，在全球经济背景下，一个本土品牌如何借鉴国际化先进经验，施展本土优势，与时俱进，充分彰显自身品牌影响力。

十年前，圣象地板拒绝依靠低成本优势成为全世界的加工车间，而专注于做"中国最好的"地板企业。十年后，当它站在全球竞争的赛场上时，俨然已经具备了国际级企业的格局。

第一节　中国企业的世界级躯体

一、反向OEM

事实上，国内木地板业的快速发展也就是近10年的事。从手工作坊起家，国内的地板厂商如今正处于一个品牌迭出的"战国时代"。不难发现，同质化的地板品牌往往采用相似的方法进行营销，"请明星代言"成了地板行业推广的一大特色。然而，在热闹和喧嚣背后，似乎并没有哪个响亮的名字被大众所熟记。

从根本上说，任何一个行业，在真正的"蓝海"出现之前，都将经历"无序竞争—行业洗牌—有序格局"的发展历程，而洗牌的过程则一般以惨烈的价格血拼为主。以家电行业为例，在"产品降价—利润摊薄—规模扩张—产能过剩—风险加大"这一恶性怪圈中不断轮回，几乎成为相关生产型企业的宿命。

到了2008年，内忧外患同样使得地板行业的前景愈发扑朔迷离：房地产市场的萧条导致销量锐减，加上国内地板行业品牌纷杂、同质化现象严重，竞争日趋激烈。发生在家电行业的"价格血拼"是否将在地板行业重演？木地板行业的发展能否跳出恶性洗牌怪圈？突破的途径又在哪里？

圣象向来坚持的国际化道路，无疑为这一连串的棘手问题找到了新的答案。翻开圣象的"国际化路线图"，时间其实可以追溯到1995年，圣象成立之初。

1995年，一支成员大多来自家用电器、消费电子和快速消费品行业的管理团队，决定进入当时市场成熟度尚处于史前时代的地板行业。在进入时机的选择上，这无疑是一个颇有远见的决定，但是令很多人无法理解的，是这支地板业新军所选择的运营模式：反向OEM。

反向OEM模式是与OEM模式截然相反的做法，由这家公司向当时地板制造比较成熟的欧洲工厂下订单，由对方提供产品，然后运到中国，贴上它自己注册的中国品牌“圣象”，在市场上销售。

20世纪90年代，“比较优势”和“全球化”似乎是一对孪生词语，频频出现在各种对珠三角和长三角经济增长模式的讨论中。中国正在凭借人力和资源的低价格成为全世界的制造工厂，其中，OEM模式将欧美企业成熟的技术和品牌优势以及中国无与伦比的低成本制造能力结合在一起，显示出了巨大的优势。于是，众多中国制造企业成为欧美企业的“车间”，制造规模以每年两位数的速度增长。

凭借成本优势，专注制造环节，成为全球供应链网络中的一环，还是立足不成熟的中国市场，“从零开始”建造一家诸般能力都齐备的企业？这是当时摆在很多企业面前的一个选择题。

圣象在这个问题上并没有过多犹豫。因为，地板行业在欧洲存在一个产能相当大的群体，设备先进程度、质量远远好于中国，因此在相当长的时间内中国代工企业唯一的生存理由就是低价，而企业规模做得再大，没有盈利支撑是做不久的。在管理团队的观念里，OEM的微薄利润不可能让一家公司为将来的发展提供足够的资金投入，企业始终无法获得健全的成长，充其量只是“外强中干”。即便在公司发展的初期，圣象也从来不甘屈于人后，仅在全球化分工中捞一个“加工厂”的小角色。

拒绝诱惑，不仅因为目光锐利，更是因为志存高远。圣象的目标是，在加入全球竞争之前，首先要做好一家“中国公司”，为本土市场提供优良的产品，建立扎实稳固的竞争优势，拥有良好的运营管理能力。

专注中国市场，并不等于“躲进小楼成一统”，拒绝与全球市场和供应链合作。在欧洲OEM的圣象可能是当时与欧美地板行业接触最为频繁的中国公司，但是合作的首要目的并不在于如何为全球化所用，而是寻求如何让全球化为我所用。无论产品的选择、运营模式还是品牌的打造，圣象都紧紧围绕着中国本土市场进行了长远的设计。

此前中国大多数地板工厂都是森工企业，本地运营，将林木板材切割刷漆就好，由于要看资源吃饭，无法大规模工业化生产，根本谈不上品牌。圣象引入的强化木地板，在欧洲已经有了数十年的历史，由于使用的主要是速生林材，而非需要漫长生长周期的硬木，制造工艺中也不需要像实木地板那样大量使用手工，是当时全球市场上最适合稳定、大规模工业制造的品类，一个工厂一年可以生产一两千万平方米的产品，实木和复合地板都无法实现这样的速度。这对于人口多、需求量大，同时资源缺乏的中国是非常适合的产品。

当时，有能力制造品质可靠的强化木地板的工厂几乎都在欧美国家。圣象于是选择了逆向OEM一途。

在强化木地板取得巨大成功的同时，圣象意识到，仅仅依靠这一单一品类并不足以支撑未来的发展。三层实木地板在欧洲市场的占有率比较高，但在中国由于资源限制等因素份额较低，三层实木地板或许能成为满足国内中高端人群需求的新的增长点。

于是在2005年3月，圣象与有着150年历史的国际三层实木复合地板制造商瑞典康树集团举行了隆重的战略合作签约仪式。圣象集团在品牌、产品、市场、资源与供应链共五个关键环节与康树公司展开合作。公司由此全面进军中国三层实木地板市场。

到2007年12月，圣象又与美国安德森公司展开合作，后者在高端多层实木复合地板领域有着世界领先的技术与制造能力。强强联手，至此也宣告圣象形成了强化木地板、三层实木地板和多层实木复合地板"三驾马车"并驾齐驱的产品格局。

二、寒冬里的扩张

在几乎整整十年中，圣象都在专心致志地经营这个本土市场上的本土品牌，但在品牌背后、公众的视野之外，公司始终不间断地进行变革，其组织结构、业务模式乃至公司治理结构都与西方同行越来越相似。

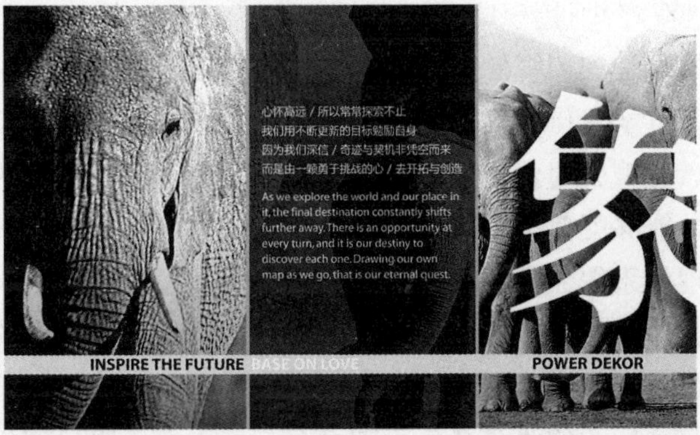

1999年前后，作为产业链战略的第一步，圣象开始着手建造自己的工厂与生产线，培养自己的技术工人。公司之所以这么做，首先是希望将占据成本七成的板材

成本降下来，并逐渐拥有自己的研发制造能力。为了比照国际水准兴建生产线，圣象在第一个工厂就投入了1亿元人民币，比当时的“行价”高三倍。此后，圣象和其母公司大亚科技陆续建造了十几家基材厂和板材厂，其所拥有的产能不仅在国内最大，在全球也位列前十。

建造板材厂的下一步便是建立起自己的生产基地——速生林，以确保上游资源的稳定供应。2000年后，欧元的升值使得从欧洲进口地板的成本突然上涨了70%，许多从欧洲采购地板的企业在这场风暴中倒下了。然而，圣象却凭借这个机会，建立起强大的资源和成本优势，使其相比竞争对手有着更高的利润率。

要知道，地板行业一直以来都是一个带有强烈资源型色彩的行业，因此，西方有实力的企业大都拥有自己的工厂、研发中心和全球产业链。全球产业链是最宝贵的资产，尤其对于包括复合木地板在内的实木类产品来说，其表面使用的硬木都是百年才可再生的树种，企业是否能保持稳定、长久的发展，对这些资源的掌握非常重要。

学习做地板更像是学习做中餐，买到设备只是掌握了两三成的技术，更多的知识无法照本宣科，只能采用“师傅带徒弟”的模式，在实践中慢慢意会揣摩。与康树和安德森结为合作伙伴后，圣象并不需要这两家海外企业做任何的财务投资，只需它们投入技术和管理系统以及全球供应链即可。

于是，合作伙伴开始派驻专家长期驻厂，传授手工技术与木材处理中的复杂技巧。由于中国和北欧的环境差异相当大，很多树种都在中国当地采购，水分密度十分独特，这也促进双方共同学习、研究摸索。

无论是与康树还是安德森的战略合作，圣象考虑的绝不仅仅局限于产品与技术的引进搬抄，而着重学习借鉴对方的思维及经营理念，并将其与国内木地板业融合与对接。要知道，欧美公司对于分散在各地的资源的价格变动、质地变化等有一套复杂的分析系统，能够就包括国际金融、贷款利率、各国政策、天气等变量进行监控分析。这一管理体系得益于欧美企业对行业的深入理解及上百年的历史积淀。换言之，圣象通过合作伙伴不仅得到便捷的原料采购渠道，更重要的是学习了全球市场的真正含义，对全球资源的走向能有正确的把控。

到2007年，整个行业的“寒冬”不期而至，一方面，出口代工企业原本所向披靡的低价优势正在消失；另一方面，中国房地产行业的销售萎缩也波及到了地板行业，此前被兴旺的市场不分优劣地滋养着的数千家品牌企业和数不胜数的无牌小厂，正在遭遇一次行业洗牌。这时，已经做了大量准备的圣象选择“放手一搏”，开始了真正的国际化征途。

2008年，圣象在美国房地产十年最低谷时“进场抄底”，宣布与美国地板贸易公司Home Legend和韩国销售公司Welliam签订并购协议，以股权收购的方式取得对合作方的控制权。借助Home Legend和Welliam的渠道，圣象得以实现在美国与韩国的销售网络布点，为今后在当地直接销售产品铺平道路。在此基础上，公司还获得了俄罗斯、南美、欧洲等地的森林基地，率先打造起全球的货源供应链。

在国际化的行动上，圣象显得底气十足：公司每年能实现上千万平方米的销售量；此外，通过与康树、安德森定期召开高层会议，委派技术、品牌相关人员到国外参观学习，圣象同时具备了中国、美国、欧洲最优秀的经营理念，这极大地增强了公司的国际化运营能力，成为圣象构建“国际化路线图”的导向基调；在出口时，同行一平方米只能卖到3美元，圣象却能通过技术、设计和品牌的综合作用将主流产品的价格维持在数百元人民币，高端产品甚至达到2000元的价位。进一步说，即便在全球市场，圣象也瞄准了设计公司、设计师等高端目标人群。在品牌运作上，公司甚至让康树、安德森等欧美顶级地板品牌以联合品牌和附属品牌的方式归属于圣象旗下，形成以圣象为核心的品牌漩涡。

在此基础上，圣象在国内市场上磨炼出的销售网络和安装服务等能力，在欧美市场反而成了一大特色。尽管公司需要针对劳动力成本进行调整，但是其所提供的周边服务依然颇有吸引力。

第二节　树立品牌标杆

一、营销的本质

如何建造一个强大的地板品牌？在这个问题上，圣象在欧美的盟友和老师都无法提供答案。在人们的印象中，国内的地板业是一个靠炒作概念、玩营销手段的行业。

这是因为，地板本身是一个低关注度的行业。用郭辉的话说，“只有当人们需要装修的时候，地板才会进入人们的视野。而一个人平均一生才会买三四次地板”。

人们购买的低频率，一定程度上让企业变得“急功近利”。从这个角度看，也就不难理解众多地板企业争相请明星代言造势的现象了。

不可否认，这些营销手段给地板业带来了发展契机，品牌意识强烈的企业借此做大做强；但随之而来的副作用是，大多数公司重营销而轻服务，从而忽略了消费者购买地板最深层的动机：对家的美好愿望和对美好家居体验的向往。

在圣象地板执行总裁郭辉看来，作为一个传统行业，地板企业的门槛相对较低，这造成了行业极度分散的特点。“从销售额来讲，2010年地板市场的容量大约在600亿元，但里面的企业大大小小不低于5000家。”这么多企业扎堆，在产品严重同质化的今天，“营销难”似乎成了不争的事实。

眼下，除了混乱的建材超市，国内的地板企业几乎没有别的销售渠道。中国高速发展的房地产业源源不断地将大量未经装潢的毛坯房送到毫无装修经验的消费者手中，逼迫消费者不得不在三个月内迅速成为一个油漆、石灰和地板的专家。这种压力传递到地板企业头上，它们不得不研究如何在20分钟之内把消费者培养成精通地板知识的专家。

就是在这样一个市场里，圣象要将每平方米300—500元的强化木地板产品销售出去。于是，公司开始到其他行业寻找老师，由于很多高管都来自消费品和电器行业，圣象决定将地板当成“科勒龙头”一样来卖。此后，遵循着耐用消费品的销售模式，圣象在国内创建了一套全新的营销模式。

首先，圣象品牌被明确定位为消费品牌，在全国的电视媒体上推出以家庭用户为目标的广告，并且大肆借鉴家电产业的营销方法，不断推出促销活动。

接下来，圣象选择在全国自建销售网络。尽管这一方法随着国美和苏宁的出现在家电行业早已落伍，但是在家电业发展的初期，却曾对行业的第一波快速发展起到了至关重要的作用。圣象将其引入地板业，一开始便建立了数百家分布于全国的专卖店。店里只销售圣象的地板，设置了统一设置的展厅，销售人员可以对前来咨询的顾客解答关于地板和装修的各种知识。如今，圣象的几千家专卖店还承担着90%的销售额。

专卖店网络为圣象带来丰沛的客流，不久之后，公司意识到安装环节的不可靠也会影响地板的口碑，于是紧接着建立了自身的安装部门，将业务从生产、销售延伸到服务环节。

事实上，在所有的地板投诉案例中，服务问题高居榜首。据木地板行业协会的调查显示，木地板投诉纠纷的原因，40%以上是铺设施工水平低所致。这意味着，在光鲜的表面下，国内木地板业的经营层次和附加值依旧很低——这几乎成了行业的通病。

"品牌只是企业的一个符号，要让消费者记住品牌，最核心的部分仍然是产品的品质和后续服务。"郭辉指出，"如果没有好的服务作为支撑，光是关注外部的传播，是走不远的。"在他看来，随着越来越多的人在选择地板时趋于科学理性，"以消费者为中心"、提供给用户满意的服务成了地板企业营销推广的重点。

于是，圣象开始一步步地完善自身的服务体系。公司谋划推出了"圣象地板管家"的服务品牌，并成立了名为"圣象家园"的客户俱乐部。在此基础上，公司开通了24小时服务热线，并在全国设立了5000个服务站。在圣象的2万多名员工中，有几乎一半的员工是安装工人。

郭辉坦言，搭建如此规模的服务体系"其实是一种高成本的运作方式"，维修点的日常管理费用很高，但考虑到品牌的美誉度，这样的投资十分值得。毕竟，地板不同于快销品，品牌建设需要长期投入，郭辉希望售后服务体系的良好运转能带来强大的口碑效应，从而影响消费者及其亲友的下一次购买。

二、地板的"低碳经济"

在打造完备的服务体系之上，圣象亦十分注重在"绿色、环保"领域的品牌传播。调查显示，有超过五成的消费者选择家具产品时将环保放在首位。作为木材生产企业，圣象面临的挑战是，如何在地板产量与生态友好间取得平衡？在世界大呼低碳经济的今天，如何打造一条真正的绿色、低碳的产业链？

从世代生活在江苏丹阳近郊的农民刘平身上，我们可以看到圣象在绿色供应链上所做的尝试。

从2004年开始，刘平和村民们开始种植人工林。他从来没想到，祖祖辈辈居住的一片滩涂地如今能够变成树林。刘平的林场也是圣象的自家林场，村民们种植的杨树则是圣象地板的原料来源。圣象的绿色供应链也就从这里开始。

对圣象来说，面对国内稀缺的森林资源和消费者需求的不断上涨，公司需要思考的是如何保证木材的供应，又不破坏林业资源。刘平称："一片已经成熟的5年期的人工速生林，我们往往只砍伐其中的20%作为原材，并在砍伐之后重新种植新苗，第二年再伐另外20%。"

事实上，速生林的用地都是山坡和滩涂，种植速生林后环境会得到很大的改善，森林覆盖率也得以大大提升。速生林一般是5—6年一个轮伐周期，人造板材企业大量收购速生林木材，也让刘平这样的林农有了较为可观的经济收益，从而鼓励他们参与到速生林的种植之中。

据悉，一立方米生长期在20年以上的自然森林木材仅可生产20平方米实木地板，而一立方米10年以下的人工速生林木材可以生产多达80平方米的强化木地板。如今，圣象在国内的人工速生林规模已达150万亩，在中国北方大部分以杨树为主，而南方则以桉树为主，这种速生林的生长速度相对较快，5年左右即可成材使用。此外，公司在俄罗斯、非洲合作拥有大片原始森林资源。“地板行业还属于传统的资源型行业，从公司成立至今，我们一直在研究如何保证资源的合理利用以及保证其可持续性。”郭辉表示。

尽管速生林的成长周期较快，但圣象一直以来致力于将木材资源进行最大化的循环。比如，公司安排了专门人员指导林农们进行科学种植，防止他们为了短期经济效益，在速生林生长期完成后就进行一次性砍伐。

面对日渐紧缺的木材资源，仅靠单一发展人工速生林并不能完全解决资源紧缺的问题。速生林仅仅用于人造板材生产，而消费者对于实木类产品的需求也相当旺盛，这部分资源的生长周期比速生林长几倍。这成了摆在圣象集团面前的一大困境。“中国这部分资源相当有限，现在海南已经没有了这类原林资源，仅东北地区还有一些，但是国家早在1998年就禁止砍伐天然林。”

对此，圣象开始向资源供应相对充裕的地区采购原木，这些地区包括俄罗斯、非洲、北美等地区。“我们是国际环保组织的成员，在向全球采购资源时，我们一直坚持采购资源的合法性，保证绿色产业链。”郭辉说道。做法之一就是坚持采购带有FSC（森林管理委员会）认证标志的木制产品，以避免买到来源于濒危树种或非法砍伐的产品。

然而，想真正让中国消费者树立绿色、低碳的消费观并非一朝一夕之事，而木材资源从全球来看会越来越紧缺，价格会一直飙升。于是，积极寻找木材的可替代资源开发新产品成了圣象这些年的工作重点，竹产品正是替代资源之一。毕竟，竹与木都是天然材料，而竹子也是消费者非常喜爱的家居装饰材料之一。

值得一提的是，解决了原材料问题后，绿色产品的生产过程可能并不绿色，工业废水排向哪里？生产过程中工人的环境保障如何？圣象又如何做到生产环节零排放呢？

在郭辉眼里，真正的绿色、低碳并不是通过碳交易多种了几棵树这么简单，"要保证生产环节的低碳，生产效率必须是高的，排放是低的，消费的能源少，这样才是真正意义的低碳"。

在圣象，从林场砍伐的原木被运到丹阳的工厂后，需要经过冲洗、去皮、碾碎、消毒、干燥等多个工序，原木便被加工成木屑，并通过长长的输送管理运进密度板生产车间。在这里将其压合成高密度板后，进入地板生产线进行一层层的"贴皮"，一块块强化木地板便生产出来了。从浸渍、压制、切割、木板成形到包装的全过程，整条全自动生产线并不需要太多的工人值守，机器几乎能独立完成一切。

"以往的质检一般采取人工抽测，并不是100%检测，难免会出现误差。而我们在生产的最后一环由系统对每一块产品进行检测，是产品全项目全覆盖的全部检测，不合标准的产品会在进程中被自动筛除，所有地板必须保证是F4星标准，这是一个甲醛释放限量值等级标准，F4星是最高的，以此保证品质。"圣象的研发检测工程师称。

而在木板切割过程中，会产生锯末、边脚料等，这些废料被整齐地堆放在生产线边上。在圣象的动力车间，生产中形成的木材废料经过处理后变为燃烧锅炉的动力，于是，烟囱里冒着如云朵般的白烟。“这里排放的几乎全是水蒸气，我们做到了‘废料零排放’，最大化地实现了集约生产，形成了一个闭环。”

这种“绿色产业链”战略，不仅能够降低能耗、保证可持续发展，也同时起到了降低成本和控制风险的作用。在环保风日益强势的市场上，掌握了绿色核心竞争力的圣象可能再次引领地板行业的绿色革命，甚至有望将中国地板行业的绿色竞争力带向国际市场。

圣象的国际化路线，为我们展现的不仅是成功和胜利。与行业内铺天盖地的“国际化”相比，圣象显得与众不同：在国内企业急于通过廉价加工与“国际化”沾边的时候，圣象坚持将国际化的首要任务定位于自身品牌在全球化背景下的滋养壮大，坚持将学习国际化的思维及经营理念放在首位，而绝非简单的设备引进、设计搬抄。这一思路决定了圣象国际化战略的深度和广度。

而在合作中，欧美先进企业的例子给了圣象很好的启发：在地板行业中，谁对全球资源走向有正确的把控，谁就有可能赢得未来竞争的胜利，企业是否可以保持稳定、长久的发展，取决于对这些资源的掌握程度。因此，打造自身的全球产业链，成为圣象的另一大目标。凭借绿色产业链的优势，圣象把资源利用率提升到一个全新的高度，最大限度地实现了环境友好的目标。

可以说，圣象承载着一个本土品牌的光荣与梦想，明天，它还将为我们创造怎样的奇迹？

【专家点评】

黄合水（厦门大学新闻传播学院副院长、教授、博导）

品牌最核心的部分是产品的品质和后续服务

很长一段时间以来，中国地产业以惊人的速度蓬勃发展。地产业的高速成长，不仅促进了中国经济的增长，而且带动了其他行业的发展，其中木地板行业就是地产业发展带动出来的新兴行业。所以说，圣象地板的发展首先得益于地产业的发展，或者说，地产业的发展是圣象地板发展的土壤。

然而，在这良好的发展土壤中，生长出许许多多的木地板企业，而从中脱颖而出的却很少，圣象是其中少数且最为杰出的品牌之一。同样的土壤，有的长得高，有的没长大。这说明长得高的圣象地板必有其独特之处。

正如本案例所说的，木地板是不太受人关注的行业，所以，我对木地板行业的了解相当有限，对圣象品牌也是如此，仅仅知道其名字而已，对该品牌的其他情况了解甚少。看了本案例之后，对其有所了解。对其之所以能够发展成为今天这样一个木地板界的品牌翘楚，感悟如下：

了解、洞察消费者需求，努力满足消费者需求是企业、品牌发展的根本。改革开放进行了30多年之后，越来越多的中国消费者兜里的钱多起来了。兜里有钱了，人们在选择购买商品时，就不仅仅是便宜的好，品质好也成为他们选择时的重要考虑因素，哪怕是贵一点也没有关系。中国人的基本观念是"安居乐业"，这不仅是中国地产业迅速发展的原动力，也是木地板发展的原动力。居不得安，一切皆烦。地板是安居中的一个重要方面，若质量有问题，则"居"难以"安"。所以，圣象地板的反OEM产品，其品牌的产品优势正好满足消费者对木地板的品质要求，让消费者"安居"。

除了木地板的质量之外，木地板的安装以及其他售后服务也与"安居"密切相关。所以，"品牌只是企业的一个符号，要让消费者记住品牌，最核心的部分仍然是产品的品质和后续服务"、"如果没有好的服务作为支撑，光是关注外部的传播，是走不远的"，郭辉这种想法及行动，正是圣象能有今天发展状况的另一个原因。而这一原因也是海尔从众多家电品牌中脱颖而出的根本原因。

30年来，大量中国品牌的成败，都与产品渠道的建设或掌控有着密切的关系。有些弱小的品牌，如果能够利用好流通渠道特别是零售终端，往往就能避开大品牌的围追堵截，逢凶化吉，发展成为有实力的品牌。有些已经初具规模的品牌，如果没能掌握好流通渠道，则往往会失去已有阵地，无法与竞争对手抗衡，最终消失于市场之中。圣象地板，通过努力建立了数千家专卖店，不仅可以确保提供给消费者真正合格的圣象产品，而且确保了企业保持旺盛的销售动力，因为店主们如果不积极销售，就没有利润，而非专卖店则非如此。

赞助世博会是海尔继奥运会之后采取的又一次全球营销模式，与奥运会不同的是，海尔赞助世博会是通过全球子公司分别赞助各个国家馆的形式赞助的，青岛海尔赞助了山东馆、世贸馆，海尔美国赞助了美国馆，海尔欧洲赞助了意大利馆，海尔澳洲赞助了新西兰馆，体现了海尔全球子公司的实力和全球化的品牌形象。

海尔参与构建的山东馆尾厅，采用虚实结合的方式，让每个参观者可以通过亦真亦幻的互动体验，感受到一个未来的三口之家一天十六小时内享受由物联网家电带来的高科技、轻松、健康、愉快的生活体验，拥抱『身在外，家就在身边；回到家，世界就在眼前』的创享新生活。

海尔：全球化扩张对接世博

全球性的大型会展从来离不开各大品牌的赞助，而各大品牌也习惯了借助全球性的大型会展来增加自身的影响力。

世博会就是这样一个理想的品牌盛宴。

作为一项由主办国政府组织或政府委托有关部门举办、有较大影响力和悠久历史的国际性博览活动，世博会已经经历了百余年的历史，享有“经济、科技、文化领域内的奥林匹克盛会”的美誉。

世博会最初以美术品和传统工艺品的展示为主，后来逐渐变为荟萃科学技术与产业技术的展览会。在这个会场上，不单展示着技术和商品，而且伴以异彩纷呈的表演、富有魅力的壮观景色。会场被设置成日常生活中无法体验的、充满节日气氛的空间，成为一般市民娱乐和消费的理想场所。在过去的历史上，包括茅台、丰田机器人等在内的众多品牌，因世博而走向世界，一跃成为全球性品牌。与往届相比，2010年在上海举行的世博会在观看人数、展厅面积、参展国家与组织等方面创造了众多第一。这场规模巨大的科技与经济盛会，汇聚了全球240多个国家和国际组织的文化、科技和经济精英。

由于其举办时间长、展出规模大、参展国家多而影响深远，支持世博会的企业也因此受到更多的媒体关注和公众追捧。在旅游、零售和餐饮等直接受益行业之外，众多品牌纷纷利用184天的世博会借势营销，提升品牌和企业知名度，以求获得长期价值回报。

这样的背景奠定了海尔与世博会联姻的可能性。但在众多品牌蜂拥而至之际，作为中国本土品牌的海尔，如何在重围中凸显亮点？

其实，从与世博会在理念上的融合开始，海尔就已经具备了一定优势。

本届世博会的主题是“城市，让生活更美好”，“展示未来的生活方式，展示未来的科技方向，展示未来的产业走势”是本次世博会的最大内涵。上海世博会所提倡的科技、创新、绿色和高品质生活的理念，和海尔历来追求的致力于为全球消费者创造美好居住生活的企业精神不谋而合。

从这点来看，海尔对世博平台的利用率、从世博营销中的收获较其他企业高得多。对海尔来说，借助世博会夺取全球营销的制高点，既是海尔展示全球化成果的必然途径，也是其对外展现国际品牌风范、对内提振消费者对“中国创造”信心的不二选择。

经过几十年的发展，特别是在实施全球化发展战略以来，海尔经过“走出去，走进去，走上去”三个发展阶段，其全球化品牌形象在国内和海外已经深入人心，为世博的全球化营销奠定了基础。

世博会享有“经济、科技、文化领域内的奥林匹克盛会”的美誉，在全球范围受到了媒体和公众的追捧，为海尔展示全球化品牌形象搭建了一个很好的平台。

海尔世博营销以“海尔，把世界带回家”为核心理念，希望通过世博会这个平台，一方面，将当今全球领先的“创新、智慧、环保”的美好生活体验带入中国寻常百姓家中；另一方面，借力世博会这一国际盛事，再次让海尔互联网时代下的全球营销思想和品牌理念闪耀全球。

第一节　集团军作战：四馆齐下

赞助世博会是海尔继奥运会之后采取的又一次全球营销模式，与奥运会不同的是，海尔赞助世博会是通过全球子公司分别赞助各个国家馆的形式赞助的，青岛海尔赞助了山东馆、世贸馆，海尔美国赞助了美国馆，海尔欧洲赞助了意大利馆，海尔澳洲赞助了新西兰馆，体现了海尔全球子公司的实力和全球化的品牌形象。

值得一提的是，从历史层面来看，参与世博会的企业都是采取传统的赞助方式，从未有过由全球各地分公司赞助多个国家馆的案例，海尔可谓是开世博会赞助历史的先河，没有其他成功案例的经验和规律可循。因此，海尔只能开拓一条创新之路。

海尔通过世博会展示全球化品牌形象的同时，也是海尔全球的子公司作为当地企业公民，对当地市场的承诺、对当地消费者的回馈，是海尔企业社会责任的体现。一直以来，海尔都将履行企业社会责任作为自身经营的重要内容，从奥运会“一枚金牌，一所希望小学”项目，再到世博会赞助多个国家馆，无不体现了海尔作为跨国企业的社会责任感。世博会期间，海尔邀请海尔希望小学的小朋友畅游世博，为美国馆、意大利馆、世贸中心协会馆提供环保家电，这些行为再次印证了海尔为社会公益事业所做的努力。

赞助中国山东馆是海尔世博营销的第一步。

构筑于山东馆尾厅的海尔U-home物联网家庭，汇聚了智慧与创新，致力于打造美好的生活体验。这一切与山东馆勾勒的“智慧、创造、文明、和谐的城市让人们生活更美好”的核心理念完美融合。

在海尔参与构建的山东馆尾厅内，海尔采用虚实结合的方式，让每个参观者可以通过亦真亦幻的互动体验，感受到一个未来的三口之家一天16小时内享受由物联网家电带来的高科技、轻松、健康、愉快的生活体验，拥抱“身在外，家就在身边；回到家，世界就在眼前”的创享新生活。

赞助美国馆是海尔世博营销的第二站。

美国馆的主题是“拥抱挑战”，该主题很贴近海尔的市场追求。海尔作为全球白电第一品牌，企业的价值核心就是创新。正是由于有了这些核心价值观的共享，海尔才能够如此密切又卓有成效地与美国馆建立合作伙伴关系。

海尔在美国逾10年的发展，积极融入当地的文化和社区生活。至2010年，海尔美国已连续4年赞助NBA。同时，海尔以创新性产品，小到专为大学生设计的公寓冰箱，大到对开门冰箱、13kg洗衣机，从白电到全球首台无尾电视的推出，拥抱多元文化，满足多样需求，走进美国家庭。

赞助意大利馆是海尔世博营销的第三站。

意大利馆以“理想之城，人之城”为主题，呈现意大利的技术创新、艺术造诣和文化底蕴。对于海尔欧洲而言，与意大利馆的合作也有其战略性的意义——海尔旗下高端品牌卡萨帝就源于意大利语，意为家的艺术；卡萨帝汇集的全球设计师团队中，很多人就来自意大利，在设计过程中汲取了意大利的艺术灵感和生活品位追求。

在2010年6月28日意大利馆海尔日里，海尔集团高端子品牌卡萨帝在意大利馆隆重举行了“意·格调”卡萨帝《格调生活白皮书》首发仪式，发布中国高端群体的最新消费趋势，创意解读都市格调生活。发布会现场，来自意大利的卡萨帝全球首席设计师弗朗西斯科、著名设计师陈幼坚精彩诠释了卡萨帝家电带给人们的“热情、创艺和优雅”内涵，为世博会献上一场回味无穷的“精神盛宴”。

以“自然之城：生活在天地之间”为主题的新西兰馆，向人们传达出一个理念，即只有把自然美景和环境保护相结合，才能成就有品质的现代都市生活。

海尔澳洲与新西兰馆的合作，是海尔在绿色环保方面取得世界认可的标志。2010上海世博会新西兰馆总代表吉赋礼（Philip Gibson）先生对此作了非常精准的阐述：“新西兰馆得到海尔的支持，我们深感荣幸。海尔在绿色环保方面的不懈努力与创新让我们相信，与海尔携手打造的新西兰馆将会令参观者留下难忘的体验与对自然生活的美好憧憬。”

另外，海尔在世贸中心协会馆建立了“海尔物联之家”展区，约300平方米的展区生动展现了海尔为全球消费者提供的绿色物联生活解决方案，将“智能物联”与“可持续发展”理念创新结合，演示了绿色科技在日常生活中的先进应用，并通过世博会的平台呈献给了全球消费者。在“海尔物联之家”展厅中，消费者能体验到实现绿色智能生活的家电，比如具有能自动给手机发短信的智能安防功能的空调，能与衣物和洗涤剂沟通的洗衣机，能自动检测食物储备的冰箱，能控制家电、电灯和窗帘的电视界面，等等。

第二节　公益营销

2010年上海世博会期间，海尔联合中国青少年发展基金会共同发起“‘我希望的家园’希望小学走进世博”活动，通过对全国百所海尔希望小学学生的才艺征集，组织邀请获奖学生代表参观、畅游世博，引领海尔公益事业从“物质扶持”升级到“精神扶持”。

这样的公益营销也给海尔品牌加分不少。

对海尔来说，这是一个长期、厚积薄发的计划的一部分，而不是急功近利的行为。在此之前，海尔已经在全国各地建立起128所海尔希望小学。这也是海尔继奥运期间启动的“一枚金牌，一所希望小学”活动后的又一次爱心延续。

公益营销是指企业以关心人的生存发展、社会进步为出发点，举行公益活动，在产生公益效果的同时，使社会各界对企业产品和服务产生偏好，并由此提高品牌知名度和美誉度的营销行为。同体育营销、病毒营销、草根营销一样，公益营销也只是营销手段或者说是企业营销创新的一种。由于家电行业竞争环境趋向成熟，传统的竞争模式（比如说价格战、广告战等）已经无法形成自己的竞争优势，公益营销因此被尝试、运用。

在国外，公益营销已经做得非常出色和成熟。很多跨国公司进入中国后，也展开了公益营销行动，并获得了良好的效果。中国加入WTO以来，不少企业耳濡目染，也加入了这个行列。已经走向世界的海尔，通过公益营销来提升自身的品牌，也是意料中的事情。

全国各地的海尔希望小学，是海尔提供的人类福利和公共利益。全国的128所海尔希望小学在产生公益效果的同时，能使消费者重新认识这个品牌，加深对这个品牌的印象。消费者也会认为自己在购买该品牌产品的时候，无形中资助搭建了希望小学，因此会觉得物有所值。

当这些海尔希望小学形成了一种影响力之后，海尔公司的形象也随之得到了提升，人们对这个品牌的忠诚度没有理由不得到增强。

另外，使小朋友从希望小学中得到海尔这个品牌印象，相当于无形中培养和教育了未来消费者。

第三节　整合传播：全方位轰炸

网络和社交媒体的蓬勃发展，让此次世博会的信息传播表现出一些新的特点。

万瑞数据利用自主研发的网络传播效果监测系统对世博会进行了相关的调研和监测，其监测结果显示，门户类网媒依然是世博报道首选的第一阵营。

世博会在上海举办期间，各大主流媒体纷纷推出各类报道。门户类网媒是此次世博会声音发出最多的地方。加上世博会初进国门，展示内容的科技含量较高，导致知识及分类目录成为世博会宣传的第二阵营。个人及社区网络成为第三阵营，充分说明中国网络世界已经开始从“主流媒体时代”转向“个人媒体时代”。

而在这些媒体平台上，资讯类稿件占据了82%的份额，但也不能忽视博客、论坛、问答这种互动媒体形式，它已成为世博会发出声音的另一大渠道，也象征着中国网络媒体正在面临变革。

海尔的信息传播整合了传统媒体和网络媒体的各种优势，从全方位进行传播。

海尔在世博会期间几次大型的营销活动，通过让媒体参与、记者体验，海尔进行了全方位媒体传播，包括《国际商报》、《北京青年报》、《国门时报》、《消费日报》、《参考消息》等报纸发布新闻600余篇，中央电视台、东方卫视、上海电视台、青岛电视台、华东地方电视台等播发新闻45次以上，新浪、搜狐、网易、腾讯等门户网站发布及转载新闻14700余条。海尔品牌美誉度得到了很大的提升，海尔品牌三性——“国际性、时代性、超值性”表现稳步上升。

自2010年3月27日签约世博山东馆起，海尔相继与世博美国馆、世博意大利馆、世博新西兰馆举行签约仪式，邀请中央电视台、东方卫视、华东主流平面媒体共同见证了这些历史性时刻，向媒体和公众展现了海尔全球子公司的实力和全球化的品牌形象。

2010年5月份上海世博会开幕后，海尔又第一时间从全国128所海尔希望小学中选拔出数位优秀师生代表，让他们走进世博、体验上海世博会，中央一套新闻联播、中央二套经济新闻、东方卫视、腾讯网花大篇幅进行了相关报道，海尔勇于担当社会责任的公益形象受到了广泛好评。

2010年6月7日，借世贸中心协会授予海尔“全球可持续发展杰出成就奖”之际，“海尔物联之家”落户上海世博园，海尔50多款最新的物联网家电精彩亮相，展示了U-home 2.0美好住居解决方案。几十家媒体的记者亲身体验了实现绿色智能生活的海尔家电。

2010年6月28日，海尔集团高端子品牌卡萨帝在上海世博会意大利馆隆重举行“意·格调”卡萨帝《格调生活白皮书》首发仪式，众多时尚杂志汇聚一堂共同见证卡萨帝的生活艺术。

同时，围绕“海尔，把世界带回家”的活动主题，以全球的海尔赞助世博为主线，海尔策划了“haier@home”世博网络活动，表达海尔把全球创新的产品和时尚的生活方式带到消费者家中的愿望，体现海尔全球国际化形象和绿色环保低碳的产品设计，突出海尔为消费者提供美好家居生活的解决方案。

海尔更着力打造强有力的网民黏着平台。活动从2010年4月19日上线持续到12月31日，达半年之久，以“海尔世界护照”配合全年活动设置。海尔世界护照以现实中的护照为模型，充分展示网民的基本信息，每完成一次主题互动，便会在护照中生成印章与积分，积分累积配合奖励机制设定，打造了一个最具黏着度、延展性的会员站内创意互动记录证件，提升了网民的参与兴趣与黏着度。截至7月底共有38000位网民获取了护照，13位网民获得了海尔送出的时尚生活家居奖品。

这激发了网民最活跃的互动行为。

在互联网web 2.0的发展下，结合网民的最新网络活动习惯，海尔世博网络活动打通了与社会化媒体的沟通渠道，实现了与开心网、人人网、豆瓣网、博客的无缝隙对接，轻松地完成了好友间的互动；活动中虚拟了四个主人公形象，四个主人公分别代表了海尔赞助的中国山东馆、美国馆、新西兰馆、意大利馆，由网民主动添加主人公在开心网、人人网的主页并进行互动，互动中传播海尔赞助世博等信息，实现信息的二次病毒传播。活动后，海尔在开心网和人人网上共有粉丝17000人，发布信息200余条。

线上和线下的创意因此结合在了一起。

海尔配合世博馆内的活动，在线上开展了山东馆物联网体验活动，结合卡萨帝产品开展了线上意大利馆时尚格调活动，并为“海尔我的球队”世界杯活动网上造势，策划了“我支持的世界杯球队”涂鸦活动，最终4032位网民上传DIY照，为端午、五一、清明市场销售旺季搭建造势平台，大力宣传市场活动，带动终端销售。

显然，网络媒体在其中发挥了助力推广作用。

在世博网络活动中，海尔选择了流量强大的门户类网站、家电行业的垂直类网站及社会化网站。特别是配合世博互动活动，海尔在开心网、人人网上建立了官方公共主页，进行了“时尚达人”测试，在测试中将海尔赞助世博信息软性植入，最终有14612人参加测试；开通海尔新浪微博，目前海尔新浪微博已经拥有粉丝15346人，发表博文216篇，并有网民对海尔微博表达了欣赏；结合时下流行的相亲类电视节目《非诚勿扰》，制作了《非诚勿扰世博版》病毒视频，轻松娱乐中再次传播了海尔赞助世博的信息，共实现播放次数1577497次，转发771次。截至7月31日，整个网络活动PV（Page View，即页面浏览量）数达到1300万次，注册人数4.1万人，促销活动信息传播PV数达20万次。

海尔创新的营销方式和全球化的世博展示，吸引了网民的强烈关注和支持，从2010年4月20日到7月6日，论坛相关讨论帖子总量为640篇，总点击量为1934880次，总回复量为6953帖；在SNS社区网络中，目前海尔赞助世博的相关帖子在SNS社区的点击量为248372次，转帖量为6320篇；另外，海尔世博相关博文有18篇，所有博文的点击量均超过5000次，回复量均超过15个。

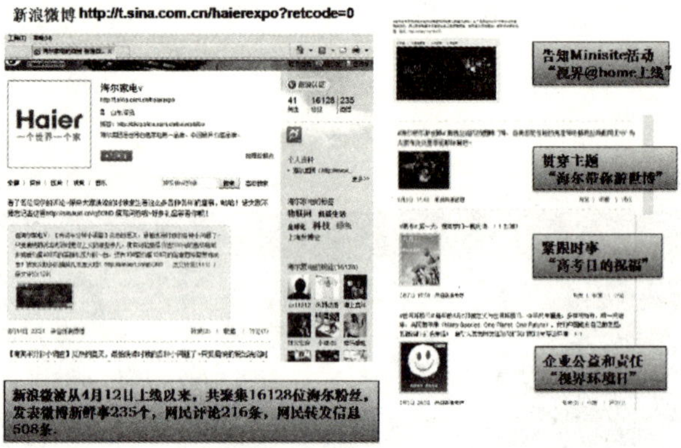

总之，海尔的活动获得了大量网民的关注，在论坛、博客和SNS上形成了良好的口碑。

网友杨孝文在博文《玩转世博营销，看中国家电企业的全球化智慧》中评价道：“营销最重要的是展现企业品牌价值，这也是世博营销的亮点之一。海尔此次赞助世博行动在业界是一个特例，是中国企业海外品牌建设的典范。”

网友梁振鹏在博文《恐龙灭绝与低碳经济》中说道：“海尔赞助了四国国家会馆，展示的是全球领先的物联网技术及超低碳节能的绿色家电产品，是未来美好生活的预览。这种展示和低碳性能，难道不是穿越时空的现实体现么？”

在2010年上海世博会这场展示国际品牌实力的盛宴上，海尔在契合世博会主题“城市，让生活更美好”的同时，在全球市场上实现“海尔，把世界带回家”的精彩，这种全球化的创新营销方式的运用，表明海尔全球化营销理念的日益成熟，彰显了全球化品牌的实力。这受到了世博会官方及消费者的一致认可，品牌美誉度和忠诚度均得到显著提高，品牌传播方面也取得了显著的效果。

全球著名市场研究机构益普索（Ipsos）公司，对中国城市消费者钟爱的世博概念品牌进行了调查。数据显示，海尔在总评榜上排名第一，诺基亚、百度分居二、三位。此外，海尔在“最契合‘以人为本’的品牌”、“最契合‘富有社会责任感’的品牌”等7个分项指标中，亦囊括了5项第一。

调研报告中说：“海尔的优势在于，其长期传递的‘真诚’的品牌理念已经深入中国城市消费者的内心，而且，通过最近3年以推出高端子品牌卡萨帝为标志，海尔已经成功地刷新了其品牌形象，初步成为高品位生活方式的全球引领者。”

2010年6月7日，世贸中心协会授予海尔“全球可持续发展杰出成就奖”，以表彰海尔在绿色产品、绿色企业、绿色文化方面作出的突出贡献。

2010年中国意大利商会、意大利驻华大使馆授予海尔“金熊猫奖”，表彰其在世博会期间为意大利馆的建设作出的杰出贡献。

【专家点评】

陈 刚（北京大学新闻与传播学院副院长、教授、博导）

利用赞助强化和改善品牌形象

赞助是企业品牌塑造经常使用的手段。虽然赞助已经常规化，但如何让赞助产生更好的效果，实际上越来越难。海尔赞助世博的案例，是一个出色的利用赞助强化和改善品牌形象的经典案例。

对于海尔这样的企业，知名度已经不是问题。让品牌内涵所需要阐发的新的特质更加丰富，让品牌形象得到进一步的提升，是海尔希望利用世博达到的目的。

海尔赞助世博案例的第一个精彩之处是巧妙地化无形为有形。

世博是一个全球化的平台。但是，赞助世博不等于把全球化的故事讲透了。海尔的创新之处在于，让在全球多个国家和地区的分公司出面分别赞助美国馆、意大利馆、新西兰馆、世贸馆，当然还有山东馆。于是全球化不再是一个口号、一个概念，而变成具体可感知的实体。

在社会责任方面，海尔毫无疑问做得很好。海尔赞助希望小学时间长、效果显著。这看似同世博无关，但如何能在世博的平台上，对社会责任进行更多的展示，海尔的方法是通过对全国百所海尔希望小学学生的才艺征集，组织邀请获奖学生代表参观、畅游世博。当看到来自近百所小学的学生游览世博的时候，海尔对公益的努力和坚持，海尔的社会责任，不再是抽象和空洞的，而是活生生的和可以感受到的。

海尔这个案例的第二个精彩之处是娴熟地再使有形上升为无形。

海尔围绕世博所策划的各项活动都发生在世博园的空间内。要使影响放大，并逐渐形成品牌积淀，必须要利用媒体。目前传播环境的复杂是众所周知的。从海尔的传播策略来看，海尔是深刻了解新的传播规律的企业。对海尔的传播，我个人的概括是：不断创造具有高关注度的内容。海尔当然利用了各类媒体传播形态，涵盖传统媒体和新媒体，但海尔的突出之处是围绕世博赞助，不断地创造话题，再利用各类平台形成扩散。在海尔世博赞助传播的过程中，传统媒体与新媒体的互动、网络用户同企业之间的互动、网络用户之间的互动，可以说运用得非常娴熟。对每一个话题都有着意的设计，而不同话题之间又形成了阶段性的延续和交融，于是，在半年多的时间内，海尔赞助世博的内容，无论从量还是从质来看，始终在关于世博的所有内容中占有重要位置，并被广泛讨论。最终，海尔世博赞助从具体可感知的有形，又上升为社会和消费者对海尔品牌的感受和印象，使得海尔全球化品牌的形象丰富而饱满。

海尔对赞助的理解，以及赞助的策略和执行，实在是可圈可点，值得很多企业研究和借鉴。

天地华宇

中国公路快运领导者

二〇〇九年，在整个物流市场最艰难的时刻，天地华宇决定『冒一次险』，引入全新的高端运输产品。于是，国内第一个公路定时递送服务『定日达』诞生了。与传统的物流相比，依靠IT信息网络与遍布全国的公路快运网建立起来的『定日达』承诺货物准时送到，并且运输时间更短，价格比零担运输则更贵一些。

对经历过跨国整合的天地华宇而言，推出『定日达』的意义不仅仅是发布一款新产品，更是通过这一业界首个高端公路服务带动公司从一家管理相对粗放的民营企业向有着规范流程的国际企业转型。

天地华宇：网互联，路互通

面对极度分散的中国公路运输市场，作为TNT集团全资子公司的天地华宇如何塑造自身的竞争优势?

TNT集团的策略是：将天地华宇公路业务的战略重心从传统的零担业务逐步向“定日达”服务转型。

2009年，在整个物流市场最艰难的时刻，天地华宇决定“冒一次险”，引入全新的高端运输产品。于是，国内第一个公路定时递送服务“定日达”诞生了。与传统的物流相比，依靠IT信息网络与遍布全国的公路快运网建立起来的“定日达”承诺货物准时送到，并且运输时间更短，价格比零担运输则更贵一些。

“价格低于航空货运、速度快于普通公路货运”是天地华宇为“定日达”设计的市场定位。譬如，将货物从广州送到上海原来需要4天的时间，现在仅需2天，虽然比航空货运慢几个小时，但运费仅是航空货运的1/3。

对经历过跨国整合的天地华宇而言，推出“定日达”的意义不仅仅是发布一款新产品，更是通过这一业界首个高端公路服务带动公司从一家管理相对粗放的民营企业向有着规范流程的国际企业转型。在2007年以前，华宇物流还属于中国公路运输业中规模最大、影响最广的地缘商业势力——佳木斯货运商帮；被拥有丰富经验和雄厚资金的荷兰TNT集团收购后，更名为“天地华

宇”，公司经历了最初的文化磨合后，最终脱胎换骨，而“定日达”，则是拉动这场跨国整合的支点。

第一节 推出“定日达”

一、酝酿“定日达”

“定日达”实质上指的是“定日公路快运”，即在指定的时间内，安全准时地将货物送达。事实上，TNT早在30多年前就在英国推出了“定日达”，这项业务已发展成欧美物流行业中的一种常态。我国目前虽然有78万多家公司从事公路运输，然而客户对于物流“安全、时效、可靠”的简单需求，却没有一家能同时满足。

“在经济危机时提出这个创新，多少还是有些顾虑的，尽管做了周密的市场调研，但还是不能完全确定市场能不能积极反应。”最终，公司选择了逆势而动，因为公司相信这一服务是中国公路运输业的未来方向，也应该是天地华宇需要着力拓展的重点。

据不完全统计，中国目前的78万家从事公路运输的公司中，行业集中度相当低。在国内，排名前20位的企业所占的市场份额不到2%，即使是行业老大天地华宇，所占份额也不到1%。相比之下，公路运输高度发达的美国只有七八千家公路运输企业，前五大零担公路运输公司垄断了美国60%的市场份额；欧洲只有五六千家公路运输企业，前十大零担运输企业所占市场份额合计39%。再看国内的物流业，不仅缺乏行业准入门槛和标准，而且不少物流公司在无法确保服务质量的情况下展开低价恶性竞争。

业内人士指出，当下的中国公路运输产业“散小乱差”，主要表现为四个低：公路货运的低准入门槛，行业的低利润经营，低水平服务低端产品，低水平恶性竞争。在这种情况下，以产品升级与服务升级带动企业和产业升级已刻不容缓。

在推出“定日达”之前，天地华宇就曾对全国各地数百个频繁交易的客户进行访谈，发现货物安全、速度快捷以及准时到达排在了需求的最前面。与之相对的是，国内绝大多数公路运输商的实际货物送达时间和承诺给客户的时间相差甚远，延误三五天甚至十天也不罕见。

根据华宇聘请的全球知名的咨询管理公司调研报告，国内的公路快运与欧美相比可能有30年的差距，国内企业更多的是按照产品来划分市场，而没有从服务上来划分。这导致了国内物流商的服务质量长期处于较低水平。

这一定程度上也为天地华宇推出高端业务提供了市场机会。毕竟，“定日达”是明确允诺客户时间，不管车是否装满，必须定点发车、准时到达。TNT希望，“定日达”能规避目前大部分物流企业在传统零担运输市场的价格战，开辟公路快运的另一片蓝海。

另一方面，天地华宇的公路网络覆盖率在中国仅次于中国邮政，在中国的二线城市、三线城市甚至部分四线城市都有业务网点，这构成了“定日达”的网络基础。

于是，在2008年，天地华宇组建了“定日达”事业部，进一步让全球知名的咨询管理公司为“定日达”在中国的落地进行调研、论证与分析。在用了大约半年时间对这一新服务进行“试水”，准时率达到100％后，天地华宇才在2009年2月正式宣布进军定日快运市场。

二、为什么是“定日达”？

真正的并购整合成功，是两个组织融合到一起创造出新的价值。对TNT来说，推出“定日达”是推动天地华宇转型的关键一步。

时间要追溯到2007年3月。那时，TNT从创始人王振华手中接过华宇物流后将公司更名为“天地华宇”。华宇的公路运输业务与TNT的国际快递业务彼此补充，在中国市场完成了一个漂亮的布局。在2007年以前，华宇物流已是全国网络规模最大的公路运输商。但创始人王振华意识到公司遇到了一定的发展瓶颈。对他而言，把自己一手创办的企业卖给国际快递巨头TNT或许是企业的一个出路。

TNT在接过王振华留下的1000多条运输线路、1200多个经营网点、12000多位员工、17万家客户的同时，也接下了老华宇的管理难题。这使得整合之初，员工与管理层都有些忐忑。

麦肯锡曾就跨国并购做过调查，发现成功的比例只有23％，而失败的比例却高达61％，其余的属于成败未卜。当公司收购的是行业相关的小公司时，成功的机会有45％。就天地华宇而言，尽管其与TNT相比是小公司，但就其本身的体量来说，

12000多人的企业是一个巨无霸，它的整合成功几率又是多少？

从当时的TNT大中国区董事总经理迈克·德瑞克（Michael Drake）在一次并购论坛上的开场白中，我们或许可以窥出端倪：“我们是一家全球运营的国际化物流公司，2007年3月全资收购了中国本土最大的私营公路运输公司——华宇。华宇有12000名员工、13000多台车辆，80%的业务是现金业务，80%的员工来自一个省份——黑龙江，其中绝大部分人又来自一个城市——佳木斯，基本上大家都不会讲英语。”这段话让大家明白了在这场并购中，到底有怎样绕不开的“文化鸿沟”需要去跨越。

打个比方，最初的天地华宇管理团队决定在公司范围内举办英语培训班，这一举措的初衷是希望大家以后能更加方便地沟通。但此事在基本上都不会讲英语的华宇员工解读起来就完全是另一番感觉：以后在天地华宇，不会英语的人是不是就没有前途了？

这听上去有点不可思议，但事后天地华宇管理团队意识到被并购方最初往往感觉处在弱势，非常敏感，每一个细节都有可能被无限放大，从而使被并购方员工产生抵触情绪。

“收购后最要紧的是加强沟通，取得价值认同。”四年后，在天地华宇位于苏州河边崭新的办公大楼里谈起天地华宇的整合，现任天地华宇管理层如是分析。

沟通中的核心问题是，华宇和大多数民营企业一样，员工们将老板看作一个战无不胜的将军——他是企业信仰的核心，是所有企业决策和运营的总指挥；这种“家族式”的管理文化虽然高效，却也正是许多国内企业迅速做大后又迅速止步乃至做不下去的原因。天地华宇成立后，公司的业绩将体现在TNT的财务报表里，决策就不能轻易地“由CEO说了算”。换言之，员工心中的“神”消失了，公司不仅要从经济上去吸引老员工，还要给他们一个清晰的价值观和文化支撑。

这种转变并非一蹴而就。通过多次的磨合，管理层逐渐形成了就问题争锋讨论的氛围，组织的脑部基本练就了前瞻的机体。

在此基础上，为了给予员工归属感、表达对公司历史的尊重，新的管理层决定从细节抓起。于是，天地华宇将运输车辆漆成TNT的品牌色橙色时，特意保留了一条蓝色的横带，这是原华宇的颜色。同时，公司不仅在员工培训和技能提升上投入大量资金，还为全员买社保加工资，这一在其他行业司空见惯的规范化运作方式，对于中国公路运输行业而言却几乎是“破天荒”的举措。

事情开始向好的方向发展。在经过一段相对平稳的文化整合后，天地华宇开始思忖进行更为专业化的管理整合。

吸收了整合初期的经验，天地华宇计划将整合分为三步走：第一步进行人员和文化整合，取得价值认同、稳定大局；第二步进行管理整合，在运营、销售、财务、人力资源、IT等各个方面引进专业化管理，逐步优化原来的运营模式；第三步进行企业全面升级，强化系统的协调性和企业的可持续发展机制。

经过两年的文化整合后，天地华宇到了追求系统协调性的第三阶段，公司决定转型以实现企业全面升级。而转型的“机关”是一款新的、几乎是中国公路运输业革命性的产品——“定日达”。

第二节 “定日达”再造华宇

一、流程再造

作为整合后的一场有着重要意义的小战役，“定日达”推行之初的业绩检验了整合的成功，而接下来大范围的推广则考验着天地华宇的整体运营能力。

事实上，“定日达”超越了传统零担的运输模式，要让其真正巩固发展，是一项系统工程。具体说来，天地华宇需要在网络运营能力、IT系统、客服系统、车辆运行、线路优化、人员素质等方面实现全面升级，这对一直以来集中于零担业务的公司而言，挑战着实不小。

最大的挑战来自于业务模式的转变。以往华宇的架构是“分公司的权力更大”，因为每个分公司都是一个独立经营的实体。这造成了各地的分公司各自为政。天地华宇的一位副总裁说：“每家分公司会按照自己的成本结构去规划线路，只要把自己客户的货发走就行了，至于货到达另一家分公司后如何处置，则考虑不多。”（注：传统上，发货产值计入利润考核，到货产值不计入利润考核，才会导致一些公司重视发货，不重视到货）事实上，发货很简单，而到货却很复杂，分公司很可能出于自身的利润考虑而使货物产生不合理的中转，从而造成其他分公司的拥堵以及到货时间的延迟，降低了运营的效率。因此，天地华宇加强了集团对区域的管控职能，将线路规划、报价体系等职能收归集团。而在此前，即便是在苏州和常州的两家距离较近的分公司，价格的差距都可能很大。

“收权”后，天地华宇重新梳理了公司的网络架构，先确定有哪些重要的分公司，再围绕这些分公司着手打造“定日达”的骨干网络。骨干网络稳定后，固定时点便会有“班车”从一家分公司开往另一家分公司，并在指定时点到达。

具体说来，首先，天地华宇改进了货物装卸方式，减少了1/3的环节；同时采用了先进的IT管理系统，使收货、发货到交货等各个流程都可以实现全过程监控，而这一点是许多国内企业难以达到的。

其次，公司对货物的要求是“尽可能一次中转，原则上不超过两次中转，坚决杜绝三次中转”。这样就减少了货物破损的可能，也提高了运输时间和效率。

再次，天地华宇还优化了既有的网络。打个比方，从广州到上海的货物需要装30吨才能发车，但是如果只揽到15吨的货，很多公司都会选择再“攒”一天货，这样就会导致递送时间的延长。而如果在广州建立一个中转平台，将广州附近的中山、佛山、东莞等地的货物先运到这里，那么几地货物很容易积累够30吨，然后再统一发送到上海，这可以使速度提升1/3。据悉，公司计划在中国建立12个大型分拨中心，增强对中国的公路运输核心骨干网的把控。

在此过程中，牵扯到的细节非常复杂，比如天地华宇必须为原先自负盈亏的每家分公司重新制订“收入转移”的政策，这涉及到公司运作体系的根本。

相比于一系列硬件基础的投资，更严峻的挑战则来自于员工本身。用天地华宇这位副总裁的话说，最大的难题并非来自于外部，而是来自内部。“员工需要转变思维方式，去考虑或关注客户的真正需求在哪里。要做高端服务、要收高的价格，就不能没有高附加值的服务。对员工来说，他们一定要意识到客户服务的价值，并透彻地理解这种价值会给企业带来什么。”

在天地华宇管理层看来，员工是起点，员工为客户提供的优质服务，会带动公司业绩和利润的增长，这部分增加的利润最后又会被投资到员工身上。这样就形成了一个正向的循环。

然而，将服务理念注入一个刚刚从民营转型过来的企业并非易事，尤其是在中国的零担运输行业。这需要集团上下18000名员工解放思想，适应新环境下的商业模式。为此，天地华宇自上而下地发动了“二次文化变革”，而变革的核心，就是强调客户体验。

“可以说，我们强调的不是什么宏大的思想，都是围绕客户体验所提出的一些理念和工作”，天地华宇的管理团队意识到，“关键是企业的价值观在哪里，管理能力能不能跟上、执行力能不能到位，细节决定成败”。

在此基础上，与绝大部分做零担业务的物流企业都没有实施品牌宣传不同，天地华宇利用业界及媒体对其的高度关注，从收购整合到“定日达”的推出及其快速在全国各地（上海、杭州、青岛、北京、广州、郑州、重庆、烟台等）落地，天地华宇做了大量的公关传播；针对服装、电子、五金等“定日达”需求量大的行业做了大量“硬广”；在北京、上海的机场做持续性的机场广告；利用行业峰会的机会，向客户及行业人士传播天地华宇是如何开展“定日达”的，从而受到客户的极大欢迎。

二、天地华宇“加速”

2010年3月，“定日达”开通仅仅一年，天地华宇就建成了全国首个“定日达”骨干网络。到2010年底，“定日达”成功拓展至国内30个主要城市，通过338条“定日达”线路，覆盖近800个运营网点，辐射环渤海湾、长三角、珠三角以及中西部经济活跃地区。

在“定日达”取得阶段性的胜利后，天地华宇也获得了TNT集团的一份“大礼包”——未来几年内增资15亿元人民币。2010年9月8日，天地华宇的15周年庆典上，当时的TNT北亚区董事总经理迈克·德瑞克称赞“TNT并购华宇很成功”后，天地华宇管理层也当即表示，“将不断推动公司的转型与升级”。

按照公司的说法，“定日达”的准点率已达99%，货损率降到了0.1%，达到了欧美的最高标准。虽比航空运输慢半天，但“定日达”价格只相当于航空价格的1/3。在金融危机阴霾笼罩的2009年，TNT全球的业绩出现下滑，而天地华宇却逆市增长，运输货量呈双位数增长，从而成为TNT在全球增长最好的公司之一。为了更好地掌控和计划货物递送，减少供应链的成本，天地华宇又打出了几手副牌。一是进行IT系统升级，对于“定日达”业务，采用条形码扫描和GPS全球定位系统，这样一来就能对在途货物进行实时监控；二是使用“定日达”专用笼箱装货，在缩短货物分拣时间的同时也保障了货物安全；三则是开通了400全国客户服务热线，以提高服务水准。

“这其中，最主要的投资在我们的车辆、门店、IT系统以及人员方面。”天地华宇的一位经理说，“我们为了让‘定日达’的车辆拥有最好的性能，每年都要花近1亿元购买车辆，已经持续三年了。此外，原先华宇的门店偏小，门店同样需要装修和升级。”

据悉，2010年“定日达”的销售额相比2009年翻了5倍，预计2011年要比上2010年翻2倍以上。根据天地华宇的规划，在未来五年内，“定日达”将成为公司业务的主体，占公司业务的一半以上。

快速扩张的同时，天地华宇同样需要面对潜在的风险。“我们觉得机遇大多是外部的，而风险更多来自内部。”这位经理指出，“比如运作体系是否能跟上业务量的急剧上升，人员的培训是否能跟上线路的快速扩展。”据悉，“定日达”的扩张行动都在公司五年规划的框架下进行，“当我们决定在这个月新开20条线的时候，相关的投资、试点和培训早已开始。当我们向市场宣布开辟新线路的时候，其实一切都已经水到渠成了”。

四年来，天地华宇换下了民营的旗帜，穿上了国际企业的大衣，经历了整合的磕绊。虽然诸如德邦物流、佳吉物流这样的竞争对手皆以自己的方式奋起直追，但天地华宇仍然保持住了原有的行业地位。不得不说的是，对于TNT和天地华宇而言，“定日达”的诞生只是万里长征的第一步。要继续推动天地华宇的深化转型，依然任重而道远。

中国物流行业本身处于发展阶段，缺乏统一的行业标准，各地政府划区而治，收费和罚款较多，运输成本一直居高不下，再加上油价上涨、店面租金上涨、民工荒，企业成本逐年增加。这些宏观大环境不容忽视，但天地华宇管理层更担心的是那些分布在全国各地的网点能否领悟到集团总部的转型意图，及时作出改变。

进一步说，天地华宇肩负着双重责任，一是对TNT的投资回报，二是对当前18000名员工的承诺和关爱，这一切的终极指标源自企业的健康发展和利润的创造。

网络正在加速互联，道路变得更加畅通，天地华宇前行的脚步，也在加速。

【专家点评】

陈濮（Interbrand中国区执行策略总监）

天地华宇的成功蜕变

天地华宇以“定日达品牌上市案例”获选2010年的最佳品牌价值管理案例的殊荣，其最主要的原因在于，这个案例不仅是讲述一个单纯的新品牌诞生，而且更细致地展现了一个品牌在经历外资收购、转型之后，终于成功整合诞生的故事。在这个案例里，我们看到了TNT在入主华宇之后，如何从文化与人员的整合上入手，一步步循序渐进地导入了新的企业文化、管理思维与国际化的运营模式，最终才能在这个基础上，引入国际先进，国内创新的服务模式——定日达，成为天地华宇的旗舰产品。

首先，天地华宇—定日达的成功故事，基本上呼应了Interbrand一直以来所强调的品牌管理哲学：成功的品牌必须与公司的核心文化战略合而为一，如此才能产生推动业务的力量，赢得市场的地位与尊重。放眼国内，许多企业在考虑品牌工作时，常不免落入“品牌就是推广，就是宣传”的惯性思维。但事实上，成功的品牌之所以能感动顾客，让客户热情追捧，并不是因为这些品牌做了一则惊天动地的广告，或是投入了铺天盖地的宣传；更多是因为它们言行一致、一气呵成的品牌体验。因此，天地华宇—定日达由内而外的服务品牌形成的方式，确实是一个值得品牌管理专业人士参考学习的优秀案例。

此外，在天地华宇—定日达的诞生过程中的另一个亮点，其实是TNT如何让12000名华宇的员工融入新体制、新思维与新模式的过程。从品牌的角度来说，就是所谓的品牌协同（brand engagement）。在这个案例里，我们看到了TNT并非在收购之初就一味地采取雷厉风行的手段，进行风风火火的全面改造。反之，他们采用了合理的品牌文化协同步骤——理解（understand）→ 相信（believe）→ 行动（live）——来推行。TNT首先在情感上努力争取本土员工的认同，大处从制度培训，小处从品牌标志的调整，都不遗余力地消弭疑虑，凝聚共识。在有了情感信任的基础上，才开始了全面的升级改造。

成功的品牌必须拥有其真实性（authenticity），亦即真实不虚的品牌承诺。而品牌承诺的完美传递，必有赖于企业内每一位员工的精确执行。这当然不是仅仅靠着完善的制度或先进的系统就能完成，其中最为核心的要素，还是根植于每一位员工心中的品牌文化与价值观。天地华宇—定日达的案例，就是一个好的印证与参考。

广汽丰田

广汽丰田汽车有限公司成立于二〇〇四年九月一日，由广汽集团与日本丰田汽车公司各出资百分之五十组建，合作期限三十年，注册资本二十六亿九千三百万元，总投资二十九亿元。公司位于中国最具活力的珠三角几何中心——广州南沙区。现已导入凯美瑞（含混合动力）、雅力士和汉兰达三款丰田经典车型，以及FJ酷路泽、ZELAS杰路驰、埃尔法三款进口车型。第四款国产新车FUV逸致将于近期上市。

二〇一〇年六月，广汽丰田在其渠道成立四周年之际，正式推出『心悦服务』这一子品牌。独立的品牌运作让车主有了鲜明的记忆点，也让『服务』一词有了新的内涵。而二〇一一年，广汽丰田更是对『心悦服务』进行了针对性升级，进一步扩大服务的范围与项目。

“心悦”丰田：e路呵护

有周全的服务护航，你的驾驶之旅是否更为安心？答案是肯定的。如今，汽车品牌的竞争由前端延伸至后端，即打造服务链，但不同的公司对此有着不同的认知与操作模式。

在国外，汽车的售后服务，已经不仅仅停留在维修、保养这些基础功能上，而是通过服务，保证用户车辆的正常使用和价值提升，而售后服务的重点也从维修转向了根据客户所需提供质量跟踪，建立一套成熟的品质保障体系。据了解，在欧美一些发达国家，汽车的销售利润仅占整个汽车业利润构成的20%，零部件供应的利润占20%，而近60%的利润是在售后服务阶段产生的。随着中国汽车市场的成熟，这种理念也传递到了国内。

对广汽丰田来说，其销售渠道成立4年，建立起较为完善的售后服务体系，现有销售店288家。但是，随着车辆销售数量的增长，车主的需求也更为多元，能否更专注、更专业地为车主提供服务，是广汽丰田在2010年提出的新思考。

2010年6月，广汽丰田在其渠道成立4周年之际，正式推出“心悦服务”这一子品牌。独立的品牌运作让车主有了鲜明的记忆点，也让“服务”一词有了新的内涵。而2011年，广汽丰田更是对“心悦服务”进行了针对性升级，进一步扩大服务的范围与项目。

第一节 80万辆的新起点

推出“心悦服务”，基于广汽丰田的销售总数已经达到了一个新台阶——80万辆。车主数量增加的同时，服务的需求必然随之产生。而满足这些需求所要投入的资源与资金，不应仅仅被解读为成本支出，因为对企业来说，这其实是一个新的利润点的产生。

1994年，由詹姆斯·赫斯克特教授等五位哈佛商学院教授组成的服务管理课题组提出了“服务利润链”模型。服务利润链是表明“利润、顾客、员工、企业”四者之间关系并由若干链环组成的链。这些教授研究后得出的结论是：服务利润链可以形象地理解为一条将盈利能力、客户忠诚度、员工满意度和忠诚度与生产力之间联系起来的纽带，它是一条循环作用的闭合链，其中每一个环节的实施质量都将直接影响其后的环节，最终目标是使企业盈利。

在这个理论里，我们需要留意利润与客户忠诚度和客户满意度的关系，而后两者反过来，能对企业的生产力、生产模式以及盈利能力产生重要的指导作用。

广汽丰田认识到了服务的价值所在。在这家公司看来，服务不应只是企业运营中的配套功能，而是一个新的专项业务。因此，广汽丰田的售后服务，有一个独特的品牌名称——“心悦服务”。

广汽丰田客户服务部副部长雷伟锋表示：“随着国内汽车行业充分竞争时代的来临，汽车企业会开始从简单的产品竞争过渡到服务的竞争，服务价格、服务效率、服务质量以及顾客对服务的体验和满意度，正在成为衡量国内各大汽车厂商服务能力的新标签。”

然而，服务竞争的背后，实际也是这些汽车企业对新盈利点的争夺。

目前，中国家庭年收入超过6万元人民币的城市家庭中，72%拥有一辆汽车，但这个收入层的家庭只占所有城市家庭总数的20%，或者全国家庭总数的10%。在未来五年，收入超过这个门槛的中国家庭数量预计将翻一番。

2009年，中国超过美国成为全球最大的汽车市场。2010年，中国汽车销量同比增长32%以上。一项可引为据的数据来自2010年年初发改委委托中国汽车技术研究中心、汽车产业政策研究室对汽车行业主要汽车企业集团进行的第五次汽车产能情况调查；该调查结果显示，国内20家汽车企业集团和10家骨干整车企业，2009年底已经形成的整车产能为1395万辆，到2015年年底规划产能将达3124万辆，这一数字几乎是目前全球汽车一年总销量的一半。

中国汽车市场产销量可谓屡创新高，但仍然停留在一次销售的比拼上。对于销售规模达到近百万台的大型企业来说，如何在下一个阶段胜出，无疑要看服务。

推出“心悦服务”之前，广汽丰田销售了大约80万辆汽车。截至2010年，广汽丰田销售超过90万台车辆。2011年中，这个目标将突破百万。

广汽丰田汽车有限公司成立于2004年9月1日，由广汽集团与日本丰田汽车公司各出资50％组建，合作期限30年，注册资本26.93亿元，总投资92亿元。公司位于中国最具活力的珠三角的几何中心——广州南沙区。现已导入凯美瑞（含混合动力）、雅力士和汉兰达三款丰田经典车型，以及FJ酷路泽、ZELAS杰路驰、埃尔法三款进口车型。第四款国产新车FUV逸致将于近期上市。公司现已建成两条生产线，年产能36万辆，其中第一生产线产能20万辆/年，第二条生产线产能16万辆/年。

在销售量增长的同时，广汽丰田对下一阶段的竞争有着紧迫的认知，“第一批车是由销售人员卖出的，而后面的车则是由完善而体贴的服务卖出的”。产品力与服务力是汽车企业能否切实满足消费者利益的两大硬性指标。在汽车产品越来越同质化的今天，服务俨然成为了汽车品牌的“第二生命力”。

之所以强调服务的重要性，这也与广汽丰田的战略息息相关。至今，广汽丰田已经拥有三款高品质车型，覆盖了中高级车、大中型SUV、小型车这三大主流市场。其中，凯美瑞继2009年“40个月50万辆”创下行业累计销售最快纪录之后，2010年年底突破70万辆大关；汉兰达销量已突破15万辆。这就意味着，年轻的广汽丰田即将拥有100万辆的市场保有量，成为“百万俱乐部”一员。这就要求广汽丰田适时进一步提升服务水平，满足客户需求。

第二节　让您“心悦”

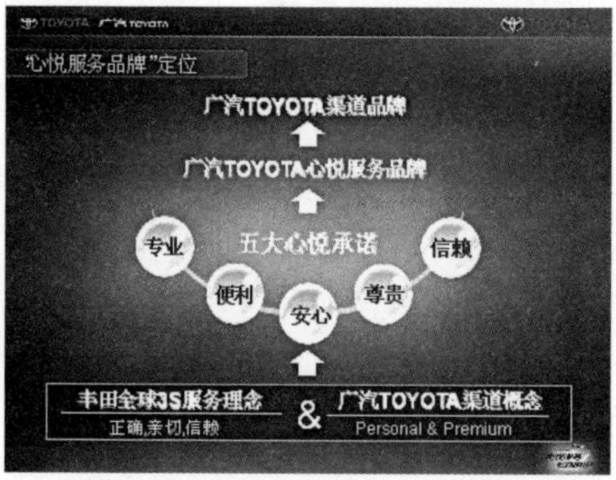

只有更了解消费者，才能提供相匹配的服务。推出“心悦服务”之前，广汽丰田对其售后体系进行了认真的梳理，并且研究了消费者的心理，他们得出的结论是“服务及时、高效、价格”是最重要的三个方面，而后，确立以”心悦服务”作为名称。雷伟锋表示，“心悦服务，一路呵护的服务品牌向广大车主作出专业、便利、安心、尊贵、信赖的服务承诺”。

按照雷伟锋的介绍，这个新生的服务品牌的核心是广汽丰田意图构筑的“一次性修复体系”，即广汽丰田各经销店将致力于在与顾客约定好的、顾客满意的时间内将车辆的问题一次性修好，并交付给顾客。与此同时，广汽丰田还在内部分别举办了服务及零部件技能大赛，执行丰田标准的服务流程，导入快速高效的智能检测设备。

据了解，广汽丰田还在全国销售店导入了丰田推荐的TL（技术主管）体制，由技术水平较高的技术主管来听取顾客故障描述，诊断后向技师进行作业指示，能有效提高销售店的诊断、修理能力和作业效率，为实现一次性修复提供了保障。而在服务的响应上，根据客户反馈的信息不断提升服务质量，包括24小时救援、主动及时保养提醒、汽车养护学堂活动、维修后的三日内回访、800客户服务中心等，将全方位的服务理念渗透到每个环节。

自成立之初，广汽丰田就导入全球先进水平的e-CRB（智能化渐进改善式顾客关系构筑）系统，倾力打造行业独一无二的“e店”，为顾客带来便利高效的信息化汽车服务。

据了解，i-CROP（智能化顾客关系优化系统）系统作为e-CRB系统的核心，从车辆销售环节起，就开始对顾客的信息进行科学管理，并能适时自动生成维修保养提醒。例如，当顾客向呼叫中心拨通电话那一刻，i-CROP系统中的i-CMS系统（智能电话业务管理系统）将自动识别顾客来电，并显示顾客爱车的维修履历，方便专业话务员根据具体需求做相应的预约和到店计划。对此，销售店可以事先安排服务顾问、零部件、技师、工位等。当顾客到店后，只须核对资料，无须等待，即可入库，实现了“预约零等待”。

对广汽丰田来说，提供更优越的服务，也是对内部体系流程提出了更高的要求。据悉，“心悦服务”希望减少车主等待的时间，提高售后服务的人性化、标准化。目前广汽丰田在售后服务上大都实行预约服务，通过客户预约精确安排，不仅节约了时间，还使得售后接待量有所增加。

不仅对外进行了流程优化，广汽丰田对车间内也实行看板精益管理，并且结合员工的小发明来提高作业效率，在钣喷车间的流水线作业提高了工作效率，一天可以维修34台车辆。通过流水线作业，车辆平均维修时间有所下降，维修车辆数量有明显的增长。

有了广汽丰田的“心悦服务”，顾客不用担心车辆维修出现“术后反复”的返工情况。而且，各销售店还会有许多“及时雨”式的细节关怀。按照雷伟锋的话说，这一服务品牌希望向车主传达的，正是“专业、便利、安心、尊贵、信赖”五大承诺。

“这可以看作是广汽丰田向渠道品牌确立迈出的实质性的重要一步。我们要抢占市场先机，打造汽车企业‘卓越服务品牌’。”雷伟锋说。

J.D.Power亚太公司在2009年中国售后服务满意度指数调研（CSI）报告中指出，在售后服务客户满意度较高的品牌中，高达34%的客户表示“一定会”向亲戚朋友推荐自己使用的汽车品牌，另有16%的客户表示他们“一定会”再次购买该品牌的汽车。

相比之下，对于售后服务客户满意度较低的汽车品牌，表示愿意“一定会”推荐和再次购买该品牌汽车的客户比例分别下降至20%和8%。因此，如何提高品牌价值、增强品牌的感知力和亲和力，成为摆在每个汽车厂商眼前的首要课题。

“根据汽车行业售后服务调研结果显示，售后服务的满意度对顾客忠诚度的培养起着非常关键的作用。”雷伟锋说。在他看来，广汽丰田经过七年的企业发展及五年的渠道发展，已经成功构建了较为完善的销售服务体系和品质保障体系。因此，“从广汽丰田渠道成立的第五年开始，未来工作重心将进一步向服务转移，以便更好地满足消费者日益高涨的汽车服务质量需求”。

第三节　强化品牌

作为一个新生的服务品牌，能否得到顾客的认可是品牌建设成功与否的关键，因此广汽丰田也持续开展了一系列的品牌强化活动。例如首先举办“心悦服务”品牌发布会，在报纸、网络、电台上打广告都以“心悦服务”品牌发布为核心内容。制作承诺书、承诺卡，以便消费者了解“心悦服务”内容。2010年8月到12月在全国开展售后车间开放活动，开展80万个真实故事的征文活动。

针对广汽丰田车主，公司举办了了解车主故事、提炼车主心声的活动，目的在于进一步提高车主满意度，加强口碑传播，进一步提升广汽丰田“尊贵、贴心”的品牌体验。此外还在全国范围内进行车主征文活动，分阶段评选和传播老车主与广汽丰田产品的真实故事。在此期间，车主只需提供本人与广汽丰田爱车之间的感人故事，并附上与爱车的开心合照，即可向4S店相关人员投递稿件进行参赛。

活动期间，车主可以登陆广汽丰田官网“广汽丰田80万车主征文比赛”页面或登陆新浪网或以发照片、邮件等方式参与，使活动尽可能地覆盖到更广的人群。

在此期间，来自全国各地的广汽丰田车主各抒己见，把彼此的心路历程、难忘的驾车经验、愉悦的驾乘体验等感觉寄语于80万车主征文比赛。有参与此次征文比赛的车主对媒体表示：“在车友会中得知到征文比赛的消息，当晚回家就闭关静思爬格子。平时不动笔，1000字的要求确实有难度。但是这一静心而发，回忆起自己和爱车一路走来的经历，写下来又可谓水到渠成！征文与其说是比赛，还不如说是我重新温习和爱车一起的生活。”

本次征文大赛以“动心设计、安心驾驭、心悦服务”为题材，涌现出各种别出心裁、真实感人的原创故事，官方活动网站点击率更是接近1700万次，比赛活动受到极大关注。1000多篇征文，用生活化的语言勾勒出广汽丰田80万车主的共同形象，车主们热爱生活、享受生活、敢于追求幸福的主流精英形象跃然纸上。

2010年12月20日，经过2个月的激烈角逐，“80万位广汽丰田车主·80万个真实感人故事” ——广汽丰田80万车主征文比赛圆满落幕。本次征文比赛一共收到1000多篇文章，其中，一位车主凭借一篇《总有一种信念伴我们成长》成为本次大赛的冠军，获得一辆凯美瑞混合动力的2年使用权；其余150位获奖者也分别获得日本豪华游、iPad、2000元油卡等丰厚奖品。

据了解，2009年、2010年是广汽丰田的品牌确立年，2010年6月份，广汽丰田发布了“心悦服务”品牌，并切实推进夏季服务双周、售后车间开放日、80万车主征文比赛、老客户关怀四大“心悦行动”，全面为车主打造全新的服务体验。“广汽丰田80万车主征文比赛”作为其中的重要部分，成为消费者与广汽丰田品牌价值共鸣的平台，不仅增强了车主和企业之间的良好互动，丰富了广大车主的购车、用车体验，也使广大车主对品牌的核心价值和理念有更深刻的认知，进一步提升了广大车主的归属感。

而对于“心悦服务”品牌的建设，广汽丰田也做好了打持久战的准备，已有详尽的五年中长期计划，在传播方面也制定了一系列计划，用来加大服务品牌的宣传。

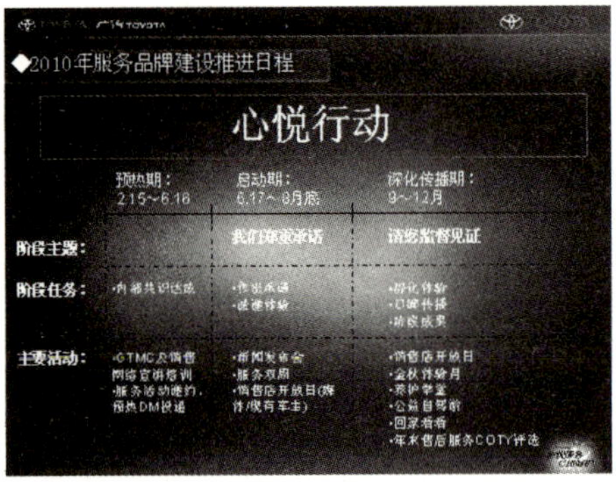

第四节　服务升级

如果说2010年子品牌推出只是广汽丰田在服务品牌上的摸索，那2011年的服务升级则是其实践半年后得出的心得。据介绍，服务升级的内容首先是扩大服务覆盖面。将在整个渠道内扩大导入并开展TSM项目，并增加技术分室、e-CRB客户支援中心等，从机制上全方位改善售后服务日常运作，以更专业、更信赖的服务品质应对客户的需求。

其次是细化常规服务的基础流程，将服务品质贯穿每一个细节，对“提升洗车品质、清晰明白消费、强化准时交车”等消费者最为关心的重点项目的细节进行了创新和改善。

针对洗车项目，广汽丰田制定了车身整体外观、发动机舱、室内、后尾箱、轮胎、轮毂和底盘7项洗车作业标准，并在洗车质量抽查方面设置了近24项洗车质量抽查项目，以更细化的标准流程管理、提升服务品质。

对于这项服务的具体考核，据介绍，广汽丰田内部每年都有综合的评价，每年有6到8期的神秘顾客，就之前承诺的五大内容对其服务的标准流程进行考核，如果有跟公司服务标准流程相悖的地方，负责人就会被扣分，同时，这还与经营收入挂钩。

单是单车内抽查便包括了仪表台方向盘无灰尘水迹、地毯无灰尘油迹、变速箱台扶手箱清洁等8个抽查细项。除此之外，广汽丰田还指导各销售店对洗车场进行了整改，并由专人负责检查和填写“洗车质量抽查表”，强化执行《洗车标准流程》等。

让车主感到贴心的是，考虑到驾车出行逐渐成为时下人们出行的主要方式，广汽丰田还将汽车售后服务搬到了旅游景区，通过“移动式”服务，为顾客提供免费车辆检测和车主休息等贴心服务。

2011年4月9日，广汽丰田“心悦驿站”活动在中国第一水乡周庄温馨启动。免费为车主进行轮胎胎压、雨刮器、制动液、冷却液等多项安全检测服务，全面保障车主的行车安全。除此之外，广汽丰田还向车主提供了别具特色的出行服务。包括手机充电、临时休息区、简单的外伤急救药品、车辆维修及保养问题咨询等在内的多项贴心的服务。

有意思的是，“心悦驿站”通过对服务内容及形式的持续改善，使销售店服务模式由被动等客上门转向主动出击的贴心关怀，让顾客无论身处何地，都能体验到无处不在的广丰式贴心服务。

其实，如何贴心服务客户又不会让客户产生反感，是需要一定的技巧的。这需要团队对客户的需求能把握得较为到位，然后提供相匹配的服务，不然提供“过度服务”，对品牌也是一种伤害。

早在2006年广汽丰田渠道成立之初，广汽丰田就认识到“被认同的成功”是大多数顾客追求的价值体验，这种对“被认同的成功”的渴望中包含了对身份地位的追求、对被尊重感以及被认同感的需求。据此，广汽丰田确立了“尊贵·贴心”（Personal & Premium）的渠道发展理念，与车主产生价值观上的共鸣，让车主的成功得到认同。

可以说，对“尊贵·贴心”的深度认同而凝聚起来的80万广汽丰田车主，不是一个数字符号和一个松散的群体，而是有着共同价值观和相同精神气质的中国精英阶层，而这些观点在广汽丰田的团队内部早已达成共识，也贯穿在企业品牌经营管理的思路当中。

例如如上谈及的“心悦驿站”等服务，就能让车主产生被尊重的感觉，双方的需求恰如其分地结合在一起。

2011年4月22日，在中国汽车维修行业协会汽车制造企业售后服务工作委员会发布的“2010中国汽车售后服务客户满意度卡思（CAACS）调查结果”中，广汽丰田荣获了合资品牌的第一名。这个奖项，一方面表明了广汽丰田车主对服务的认可，但同时，也可视为对“心悦服务”有了更高的要求。

第五节　新竞争格局

如今，谈及汽车行业的竞争，人们的目光已经不仅仅囿于当年的丰田模式，或者是更早的斯隆式的美国汽车公司管理体制。因为无论是精益制造的能力、大规模制造的能力，还是营销的能力，都不能单一地决定一家汽车公司的竞争力。随着汽车行业竞争的白热化，汽车品牌们都意识到，在具备上述能力的同时，售后服务体系的打造也是考量一个品牌价值的重要因素。能否提供快捷、顺畅、热情、周到的服务，已成为厂家提升市场竞争力不可或缺的因素。

历史上日本丰田汽车公司的产品打入欧美市场，除了产品本身的特色外，为用户提供全方位、全过程、全天候的快速服务也是其决胜市场的一个重要方面。用户的汽车出现问题后，丰田公司快速、高效的服务远远超出了消费者的期望，如到达用户指定现场的时间，平均只需20分钟，事故处理完毕平均只需35分钟。同一时期，美国克莱斯勒汽车公司为了实现快速高效的服务，一度不惜代价，出动维修服务的直升机在主要高速公路上空巡逻，一旦接到地面信号，立即就近着陆进行维修服务。

在国内，各大汽车集团无一不把快速优质服务摆到了企业的突出位置，相继推出“金牌服务”、“贴心服务”、“精品名牌服务工程”等举措。但是我们也看到，不少企业的思维模式，还仅仅停留在简单服务的层次，也尚未考虑服务的价值与企业的利润来源有着密切的关系，更没有去追踪服务与客户满意度、客户忠诚度之间的关系，为往后的二次营销或者口碑营销带来积累。因此，能把售后服务提升到品牌战略的地位并有体系地运营的企业，尚是少数，即使对广汽丰田而言，这部分的尝试也只是刚刚起航，能否如国外厂商一般，售后服务成为其60％的利润来源，还有待实践的验证。

2011年6月1日，美国咨询公司AlixPartners（艾睿铂）发布报告称，中国汽车市场有望在2016年前保持每年15％的增长率，到2015年汽车保有量将超过1.45亿辆。市场前景看好的同时，如何驶向“经营服务利润链，为用户创造价值”的目标，无论是中国的汽车合资品牌还是自主品牌，不过是刚踩下油门，正待上路。

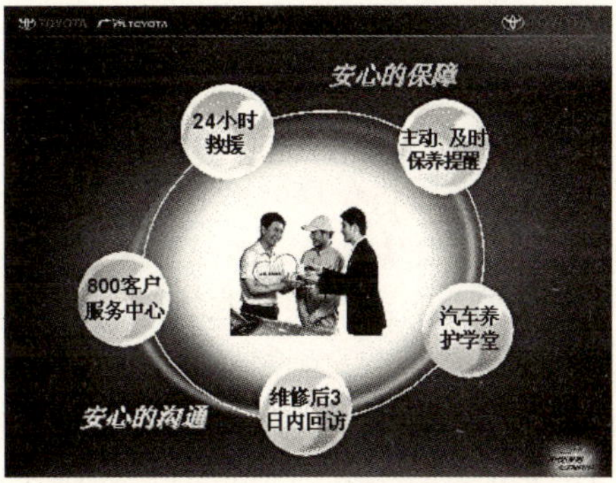

【专家点评】

黄升民（中国传媒大学广告学院院长、教授、博导）

应对市场竞争的三大品牌策略

早年留学日本，遭遇最大的冲击是什么呢？就是那种遍及社会各个角落的深入细致的服务体系。无论是快消品还是耐久品，从一瓶洗头水到一辆汽车，服务文化无处不在。具有留学经验的中国人对于日本企业的批评，通常不是质量问题，也不是价格问题，而是服务问题。同样的产品，同样的价格为什么中日两国消费者得不到同样的服务呢？对此，中日双方都非常敏感。日本企业朋友多数的解释是，不同的市场阶段就会有不同的服务策略，物质匮乏，销售当然是摆在第一位的。我听了很不舒服，总觉得这种决策多少带有歧视性，一旦市场成熟，其实也就是消费者进步，对于服务必然产生强烈的追求。企业的跟进是否到位，成为失败与成功的分水岭。日系产品近年节节败退，是质量问题吗？是价格坚挺吗？都不是。说到底是服务体系滞后的问题。当看到广汽丰田的这个案例，心中多少为之释然。30年前，丰田车曾以傲视群雄的姿态进入中国，“车到山前必有路，有路必有丰田车”就是其真实写照，不过，丰田也为这种盲目的傲慢付出过沉重的代价。而后，丰田凭借丰富的产品系列和合理的价格策略重返中国，并在产品、价格的双轮驱动之下，及时推出成熟的服务体系，其成绩业界是有目共睹的。在一个日益成熟的市场环境下，产品的功能、技术都无法避免被仿冒被复制的可能，唯独服务是难以模仿的。首先，服务是一个体系，牵涉整个产业链条；再者，服务贯穿企业的品牌文化，人人均是传者，举手投足之间，品牌价值增减自明。

产品丰富质量稳定服务成熟，这是丰田应对市场竞争的三大法宝，其精髓就是中庸之道。无疑，这是有效的，因而也是成功的，如果，再来点创新，再增加点个性，会不会有更好的效果呢？这对于一向稳字当头的日系企业，可能算是一种苛求。

珠江啤酒
PEARL RIVER
打开真感受

广州珠江啤酒股份有限公司作为广东地区啤酒行业强势领导品牌，生产规模达二百万吨，广州总部更以一百五十万吨的产能成为全球最大的单厂啤酒酿造中心之一，多年来享有『南有珠江』的美誉，并于二〇一〇年八月十八日成功在深圳证券交易所上市。

结合亚运会欢乐、激情、分享的内涵，岭南悠久的美食文化以及自身品牌定位，珠江啤酒推出了『惠食通』啤酒美食地图推广方案，开展线上美食证集、『惠食通』美食手册与地图发放、FB（Food and Beer）美食品鉴、珠啤MM霸王餐等主题活动，同时利用公关、品牌体验、线上线下新旧媒体进行整合传播，打了一场漂亮的亚运营销之仗。

珠江啤酒：亚运美食全城通

2010年，第16届亚运会在广州拉开帷幕，作为仅次于奥运会的国际顶级赛事，亚运会成为各大企业进行体育营销、传播品牌价值、实现品牌国际化的绝佳契机。而啤酒文化与体育文化历来结合紧密、相通共融，因此啤酒市场也成为了亚运营销的一大主要角力之地。

广州珠江啤酒股份有限公司（以下简称珠江啤酒）作为广东地区啤酒行业强势领导品牌，生产规模达200万吨，广州总部更以150万吨的产能成为全球最大的单厂啤酒酿造中心之一，多年来享有“南有珠江”的美誉，并于2010年8月18日成功在深圳证券交易所上市。

在这场家门口举办的顶级赛事中，如何从国内国际巨头林立、过度竞争的啤酒市场上独辟蹊径，化非亚运赞助商的劣势为优势，打造主场氛围、提升消费者忠诚度、提高品牌影响力，成为了珠江啤酒必须面对的议题。

结合亚运会欢乐、激情、分享的内涵，岭南悠久的美食文化以及自身品牌定位，珠江啤酒推出了“惠食通”啤酒美食地图推广方案，开展线上美食征集、“惠食通”美食手册与地图发放、FB（Food and Beer）美食品鉴、珠啤MM霸王餐等主题活动，同时利用公关、品牌体验、线上线下新旧媒体进行整合传播，打了一场漂亮的亚运营销之仗。

第一节　亚运会的机会与挑战

一、侧面出击

2010年11月12—27日于广州举行的第16届亚运会，是我国举办的仅次于北京奥运会的综合性体育盛事，吸引着全亚洲乃至全世界的目光。羊城广州成为了亚洲各国运动健儿拼搏奋斗的竞技场，也是四海宾朋欢聚一堂之地，更成为了各大商家借机营销、提高品牌知名度、提升产品销量的战场。

近年来，体育赛事已经成为最吸引人眼球、催生大品牌的最佳营销平台。这是因为，体育营销集受众广泛、意义非凡、运动理念、公益价值等多种特点于一体。借助体育赛事的广泛参与性等传播特点，品牌可以快速进入陌生市场，国际顶级赛事，更是塑造品牌、强化品牌的良好机会，是大品牌展示实力和风采的绝妙平台，是企业品牌国际化的重要途径。

啤酒是与体育运动结合得最紧密的几大产品之一，啤酒行业主流企业大多都采用赞助体育事业作为主要营销突破口，塑造自身品牌形象。从青岛啤酒与NBA的联姻、华润雪花的“雪花啤酒勇闯天涯”活动到哈尔滨啤酒成为2010FIFA南非世界杯官方合作伙伴等不一而足。

体育营销也是珠江啤酒的一大发力点。2007年珠江啤酒签约赞助中国国家篮球队，自此开展了一系列与篮球相关的营销活动。利用篮球时尚年轻的特点对品牌进行活化，同时利用姚明和易建联等明星形象进行传播，建立品牌偏好。

2007年到2008年，珠江啤酒在全国重点市场开展5对5篮球争霸赛，借用奥运热点，整合电视节目、网络、广告和公关进行传播，使珠江啤酒的品牌资产得到很大的提升。

2009年6月至11月，珠江啤酒在全国范围内开展“珠江啤酒灌灌灌——2009黄金篮球灌军赛”活动，毫无参与条件限制，提倡全民运动的概念，又以用纯金特别打造的价值10万元的黄金篮球为冠军奖品作为噱头，配合2009年提出的品牌新主张“Work hard，play hard；努力干，痛快玩”，掀起了一场声势浩大的体育营销活动。此次活动引入央视作为宣传主平台，在视频网络、平面进行宣传，收效显著：中高档啤酒销量同比增长12.35%，中高档产品比例提高至37%，同比提高了6.5个百分点。而据益索普（中国）市场研究咨询有限公司（IPSOS）提供的2009年调研报告显示，珠江啤酒在广州的表现非常出色，无提示提及率为96.7%，经常饮用率为92.3%，远远领先于其他品牌。

然而，广州亚运会这场位于珠江啤酒家门口的体育盛事，啤酒的独家赞助权却被“外来的和尚”——台湾啤酒高价取得。大手笔投下1亿元人民币赞助资金，2009年12月22日，作为台湾地区啤酒龙头企业、占有当地市场份额70%以上的台湾啤酒换上了带有“广州亚运会合作伙伴”标志的新装，全面启动其大陆市场拓展计划。

二、挑战与机遇

中国作为世界啤酒生产第一大国，吸引着众多啤酒巨头来中国大陆市场跑马圈地，台湾地区生产的台湾啤酒亦不例外。台湾啤酒于2009年5月6日完成商标注册登陆大陆市场后，半年时间内大陆出口量成长高达8.13倍，达逾1亿元的销售产值，初现异军突起之势。在拓展大陆市场上，台湾啤酒以华南地区为根据地，陆续在福建、广东、港澳、湖北、湖南、东北等重点地区建立了大陆地区分区经销制度。这便与雄踞广东市场的各大啤酒品牌展开了正面竞争。

在亚运这一各大商家必争的营销战场，若珠江啤酒未能把握在广州地区先入为主的优势，采用独特的营销传播手段，建立品牌壁垒，将无法拦截各大竞争对手的营销影响，市场占有率有下降的危险。作为非亚运赞助商的珠江啤酒此时首先面临着如何提高品牌影响力、打造主场氛围的问题。台湾啤酒作为亚运赞助商，在官方宣传上必然会占据一定的优势，相对会减弱珠江啤酒的品牌影响力。其次，在过度竞争的华南市场，对终端的竞争越来越激烈，珠江啤酒面临着如何强化对终端的控制力和强化终端品牌形象的问题。此外，随着竞争品牌不断加入华南市场，作为领导品牌的珠江啤酒，面临着如何维持和提升消费者忠诚度的问题。

在问题与挑战面前，珠江啤酒亦看到了巨大的市场机会：首先，羊城茶楼餐馆之多、酒店食档之众，在国内首屈一指。“食在广州”，美食是广东文化的一面旗帜，历史悠久，闻名天下；粤菜在国内国际享有盛誉，美食是将广州推向世界的一条主要桥梁；寻找、分享美食是广东人的共同爱好，对美食的热爱沉淀在广东人的集体意识与自我文化认同中。因此，餐饮毫无疑问是广州亚运的亮点。而啤酒则是重中之重，约占餐饮比重的一半。

落到品牌竞争中，一方面，广州是亚运会的主办城市，作为东道主本土的啤酒品牌，对于如何进行本土化营销传播、抢占市场，珠江啤酒有其独特的传统优势和地域认同感，这也使其成为大部分外来客人的首选品牌；另一方面，珠江啤酒是中国驰名商标、中国名牌产品和绿色食品，在广州本土及珠三角地区多年来积累了可观的品牌知名度、市场占有率以及形成了完善的销售渠道。而作为亚运赞助商的台湾啤酒在华南地区铺货率和知名度都很低，作为广州的强势领导品牌，珠江啤酒将是整体啤酒销量提升的最大受益者。

三、得华南者得天下

在经历了2008年金融危机时的消费萧条后，国内啤酒制造业于2009年开始稳步回升。据糖酒快讯市场研究中心数据，2009年1—11月我国啤酒产量超过4000万吨，累计增长率6.4%，对比2008年行业平均增长率为5.5%；销售收入为1858亿元，同比增速超过30%。

销售额方面，2009年1—11月实现全国啤酒行业销售收入1140亿元，同比增长超过10%；实现毛利353亿元，同比增长13%；实现利润总额73亿元，增长31.5%；吨酒产值略有增长。

在整体复苏的大环境下，广东省境内27家规模以上的啤酒企业截至2009年11月亏损总额达3.18亿元，11家企业出现亏损。这与广东省啤酒行业产能过剩、过度竞争有关。

2009年1—11月啤酒分产区啤酒亏损状况表

地区	企业单位数	截至2009年11月累计亏损企业单位数	截至2008年11月累计亏损企业单位数	截至2009年11月累计亏损企业亏损总额（千元）	亏损额同比增长
全国	593	200	183	2150602	7.94%
广东省	27	11	14	317919	85.42%

数据来源：国家统计局 糖酒快讯市场研究中心

金融危机后，珠三角地区啤酒行业竞争进入白热化阶段，雪花、燕京、百威等巨头纷纷在广东建厂，区域啤酒企业的发展压力不断增大。青岛啤酒在佛山、深圳、珠海设有工厂；麒麟啤酒在珠海有年产20万吨的金鼎啤酒工厂；百威英博啤酒集团成立之后在中国开业的第一家酿酒厂——佛山三水工厂于2009年3月正式投产，主要生产“百威”和“哈尔滨冰纯”两款产品；而广东燕京啤酒厂2005年于佛山建成投产，2006年的3万吨产能，到2009年已提升至30万吨。

巨头扎堆，使市场竞争空前激烈，也造成了产能过剩的问题。据统计，2009年广东地区产能在500万吨左右，而总消费约350万吨。产能严重过剩、市场过度竞争，一方面带来了价格战的阴影；另一方面，各大品牌对终端的竞争也越来越激烈，面临着如何强化对终端的控制力、强化终端品牌形象的问题。

据苏赛特（SID）追踪数据显示，2009年，青岛啤酒在广州的市场份额同比上升5%，燕京同比上升5%，百威和哈尔滨取得12%的份额，广东本地巨头的竞争压力增大，亟须逆势突围。

面对严峻的形势，珠江啤酒采取了各方面的措施，逆势而上。

首先，在产品结构上，珠江啤酒产能中高端的纯生啤酒所占比重不断增加，公司停止了许多低端产品的生产与销售，将重心放在中高端市场。2009年珠江啤酒推出珠江纯生精制啤酒，主要针对中高端夜场消费者，有利于提升珠江啤酒的品牌形象。

其次，在管理与技术方面不断创新。据糖酒快讯市场研究中心2009－2010年研究报告，珠江啤酒在已建立多年的强大的ERP信息管理系统平台基础上，强化以降本增效和持续改进为核心的管理，推行零基预算、工厂最优化管理模式，优化管理、内部挖潜、提升绩效。通过管理创新，珠江啤酒在2008年节支1.5亿元的基础上，2009年再次节支近亿元，跨越难关，实现企业逆势增长。另外，为激发员工的积极性和能动力，珠江啤酒与中国人民大学进行合作，创新人才管理和激励机制，实行职位职能资历工资制，良好的激励机制成为珠江啤酒提高经济效益的重要因素。在科技研发方面，公司拥有国家级的企业技术中心和博士后科研工作站，研发人员占员工人数的5%，具有较强的新产品开发能力。公司创新的快速发酵工艺使得发酵周期维持在12天左右，远远短于行业平均周期（25天），大大降低了公司的存货周转率，提高了生产效率。

另外，在本土市场面临众多巨头夹击的情况下，拓展外省市场成了珠江啤酒取得进一步发展的关键一步。珠江啤酒坚持“北上、西征、东拓”的全国市场策略和“立足广东、巩固基地、深耕两翼”的广东市场策略，在外省市场取得了很大的突破。

第二节　揭幕“惠食通”，全面发力

一、取势

在明晰所面临的机遇与挑战后，珠江啤酒考虑的是如何通过亚运主题，把消费者和餐饮终端联动起来，为创建自身强势品牌所用。

要制定最适合自身优势与特点的品牌营销方案，必须要有明确的品牌定位。珠江啤酒定位于面向成年男性的全国性中档啤酒品牌，其核心价值是释放，主张“要懂得适时放松尽兴”，力图带给消费者畅快放松的真感受。通过将自身品牌主张与广州深远的美食文化相结合，珠江啤酒确定了“惠食通”啤酒美食地图推广方案。

此次活动是联合本土饮食行业巨头岭南集团和广州饮食行业商会共同发起的，珠江啤酒和岭南集团以东道主的身份号召市民通过推介广州啤酒美食文化为亚运作贡献，借用广州市民的本土情怀，调动普通市民的参与度，力图打造最具公信力的啤酒美食推介活动。活动获得了广州饮食行业商会和全城数千家餐饮名企的大力支持。岭南集团作为“岭南美食”概念和“岭南美食”文化的重要倡导者，将与旗下花园酒店、中国大酒店、东方宾馆、鸣泉居等7家高品质酒店共同参与“惠食通”项目的推广。

活动以“广州2010珠江啤酒惠食通”作为标题，并设计成识别标志，在所有的宣传物料中展示，将此标志打造成美味和信心的认证标记。“惠食通”是美食优惠全城通的意思。亚运到来之际，珠江啤酒集团号召百万广州市民发扬东道主精神，把代表广州畅快与活力的啤酒美食推荐给每一位来宾，与四海宾朋一起尽享“啤酒美食好时光”。

活动标志

活动计划通过电视节目、网络合作、报刊合作和地面宣传等各种渠道，不断将声势推向新的高潮。横跨半年的“惠食通”系列活动汇集啤酒、美食和美女三大重磅元素，通过线上线下合力调动市民参与积极性，力图在群雄争霸的亚运营销舞台绘出浓墨重彩的一笔。

二、明道

在开展营销活动前，品牌必须先明确宣传对象。“惠食通”针对不同类型的消费者作出了明确的定位：对于广州市18岁以上的消费者，“惠食通”美食手册可以自己收藏，也可以在外地朋友来观看亚运时使用；对于外市游客及外省游客则主要用于在广州寻找美食。

活动以媒体宣传和地面物料宣传作为利益点，帮忙提升店家的生意为着力点，吸引餐饮终端的参加和提供消费优惠，力图营造多赢局面。对于各大餐厅而言，参与“惠食通”活动可通过珠江啤酒帮忙宣传，吸引更多客户上门消费；对于各类媒体而言，一方面有广告收入，另一方面，寻找美食、品味美食是广受消费者欢迎、喜爱的内容，有利于提高收视率、发行数、点击量等；而对于消费者而言，“惠食通”美食手册图文并茂、选择方便，另外，各种优惠也极具吸引力。

通过餐饮终端的配合，展示“惠食通”相关宣传物料，很好地提高了珠江啤酒在终端的品牌接触率，壮大了品牌声势，营造了主场氛围。

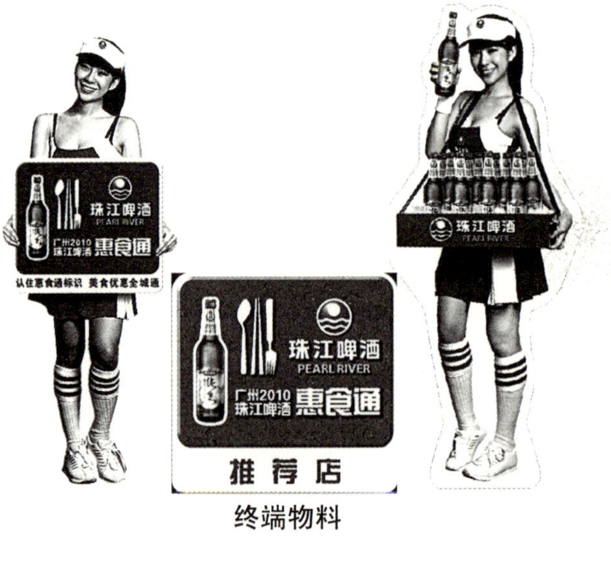

终端物料

三、优术

1．整合媒体资源，打造声势浩大的啤酒美食推介活动

电视方面，活动与南方卫视《我爱返寻味》栏目合作，历时半年推介“惠食通”项目推荐的重点餐厅。《我爱返寻味》是南方卫视重金打造的一档美食节目，其“探寻优质食材源头、典故，分享独特烹饪技巧”，是一档主打好看、好吃、好笑的美食节目。播出“惠食通”内容后，《我爱返寻味》电视节目收视率提升了两倍。

《我爱返寻味》电视节目

互联网方面，“惠食通”充分利用最为广泛的互联网进行互动传播。珠江啤酒与POCO网合作，制作“惠食通”专区，以此作为活动的线上基地，以及所有推荐、评选活动的门户平台和官方信息发布平台，发起大规模的啤酒美食推荐活动，号召广州全城居民，为亚运来宾推荐广州地道啤酒、美食。网友通过上传图片、点击推荐、评论以及邀请好友一起参加活动达到互动，分享美食资讯，不断挖掘新店，并有机会获得大奖。

发源自广东地区的POCO，2003年由IDG（美国国际数据集团）创立，是以个人原创图片为核心的Web 2.0分享社区。到2010年，网站约有950万活跃用户，而所有用户中广东用户所占比例居全国最高，约占13%，近1300万，广东网友也是最具活跃度与黏度的用户群体；全站日均PV（页面浏览量）达8000万。

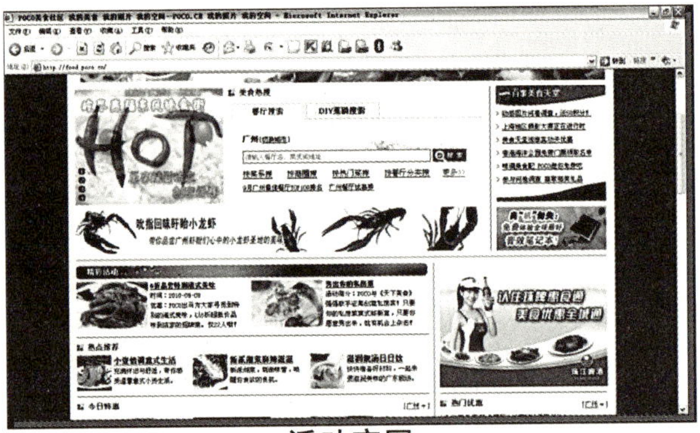

活动官网

POCO网

互动传播还包括论坛传播——通过在广州、深圳等人气论坛、主要门户论坛进行图文帖子配合传播；网络视频传播——利用各种现场活动拍摄的有趣视频内容，通过优酷、土豆等主流视频网站进行传播，等等。

平面媒体方面，与《周末画报》、《南方都市报》、《可乐生活》、《南风窗》、《新快报》、《羊城地铁报》和《美食导报》等主流媒体合作，对“惠食通”进行公关、软文和硬广等立体宣传。以《羊城地铁报》为例，作为广州地铁唯一的、独家经营的纸媒体，《羊城地铁报》覆盖广州地铁全线站点，日发行30万份。在新闻报道合作方面，通过美食专版共同发起珠江啤酒“惠食通”美食投票推荐活动号召，定期发布活动新闻、活动亮点新闻消息进行活动造势，向社会推介珠江啤酒“惠食通”美食地图，彰显美食地图为亚运和推广广东美食文化所带来的贡献；发行合作方面，通过《羊城地铁报》在广州地铁全线的独家优势，在珠江啤酒美食地图正式发布后，通过《羊城地铁报》发行渠道进行派送。

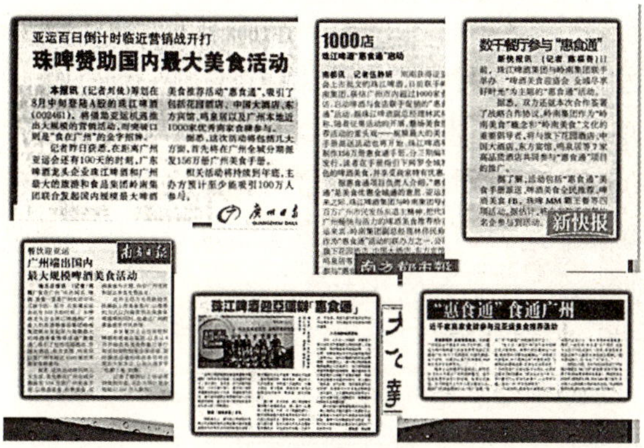
亚运百日倒计时临近营销战开打

珠啤赞助国内最大美食活动

本报讯（记者刘俊）筹划在8月中旬登陆A股的珠江啤酒（002461），将借助亚运机遇推出大规模的营销活动，而突破口则是"食在广州"的金字招牌。

记者昨日获悉，在距离广州亚运会还有100天的时刻，广东啤酒龙头企业珠江啤酒和广州最大的旅游和食品集团岭南集团联合发起国内规模最大啤酒美食推荐活动"惠食通"，吸引了包括花园酒店、中国大酒店、东方宾馆、鸣泉居以及广州本地近1000家优秀商家食肆参与。

据悉，这次活动将包括几大方面，首先将在广州全城分期派发156万册广州美食手册。

相关活动将持续到年底，主办方预计至少能吸引100万人参与。

广州日报

1000店

数千餐厅参与"惠食通"

新快报

广州端出国内最大规模啤酒美食活动

珠江啤酒迎亚运献"惠食通"

"惠食通"食通广州

公关新闻报道

此外，活动还充分利用地铁灯箱和公交车身等户外媒体进行宣传推广。

地铁灯箱广告

2．建立公信力，召开盛大新闻发布会

联合岭南集团和广州饮食行业商会在珠江—英博国际啤酒博物馆召开“啤酒美食迎盛会，全城尽享好时光”为主题的新闻发布会，应邀到场的媒体达40多家，起到很好的公关宣传作用。广州珠江啤酒集团党委副书记王世基、副总经理李焰坤，广州岭南国际企业集团有限公司副总经理苏颖、运营管理一部副总经理邝健球，广州饮食行业商会秘书长倪弘，广州著名节目主持人、广东“名嘴”郑达出席了启动仪式。

珠江—英博国际啤酒博物馆是珠江啤酒集团投入8000多万元建设的一座集观赏

性、娱乐性、教育性、艺术性于一体的国际化、开放性啤酒文化展示场所，是中国唯一一家将自身的企业文化与啤酒文化及历史融合在一起的综合性啤酒文化博物馆。为配合“迎亚运”和“一河两岸”美化整饰需要，集团还追加3000多万元将博物馆沿江整治改造成啤酒文化休闲广场，建成华南地区最大的啤酒文化创意艺术区，于亚运前向公众开放。博物馆与亚运会开幕式主会场海心沙隔江相望，成为广州宣传亚运激情，参加亚运会、广交会的各国运动员、国内外来宾举行盛典活动的重要场所，成为了亚运游广州必到的几大景点之一。

3. 活动亮点不断，保证持续的新闻关注

珠江啤酒组织了多场美食品鉴FB（Food and Beer）活动，广邀美食达人和四海宾朋，一起欢聚亚运激情好时光。珠江啤酒“惠食通”美食FB团，按照美食地图的标志到广州近郊进行美食自驾游，在旅途和美食过程中嵌入珠江啤酒品牌和产品信息，并将旅程制作成美食电视专题节目传播；随团邀请媒体记者、校花、美女模特等进行美食拍摄，在行程中引发新闻亮点，并邀请团员撰写博文分享，扩大传播影响力。FB活动让大家一边品尝最地道的羊城美食，一边饮用最具本土特色的珠江啤酒。在此过程中，消费者在情感上爱上美食与珠江啤酒，从而也更乐意与亲朋好友分享啤酒美食。这样的轻松愉快的方式，更有利于建立消费者对珠江啤酒品牌的忠诚度和美誉度。

此外，同期开展“珠啤MM霸王餐”活动，即在广州各大合作餐厅举行“为顾客免单”活动。只要你消费三瓶以上的珠江啤酒，即有机会让美女帮你“买单”。这样一来,无疑直接刺激了终端的销售。丰盛的免费大餐、美女的热情攻势，试问谁能抵挡?

4. 通过美食手册，令消费者得到实惠，扩大影响力

“惠食通”手册的来源是，将市民投票推荐出来的地道广州美食，集结成美食手册和地图，以“地道美食”、“盛夏美食”和“亚洲美食”的名号，分三期向亚运来宾和广州市民免费派发，共派150多万册。“惠食通”手册内容涵盖了数千家特色餐饮名店的优惠信息。这也是广州合作商家数量最大、优惠最丰厚、使用最方便的啤酒美食手册。

亚运期间，多国语言版本的“惠食通”美食手册与地图通过机场、航班、地铁沿线、星级酒店、亚运场馆、餐厅等场所向海外友人派发，使其成为国际友人收到的第一张广东美食文化名片，使珠江啤酒成为了广东饮食文化的一面旗帜。

“惠食通”美食地图以一定时间间隔分三期发布，结合渠道销售和推广策略一起推进，保证延续的活动效果；收集整理区内的各种美食和餐厅，并且形成对消费者和餐饮行业的持续吸引，构建珠江啤酒的餐饮渠道同盟。

三期美食手册囊括了广州超过1500家餐厅。广州中高档餐饮企业总数约3000家，而三期惠食通手册就囊括了半数的商家，如此广泛的覆盖面使得惠食通美食手册成为了羊城亚运最权威、最受宠的觅食指南。此外，民众还以集体的智慧自发选出心目中最具代表性的广州十大美食，这当中既有充满历史韵味的白切鸡，也有名气广播四海的和味牛腩，更不乏深井烧鹅等岭南经典美食。

5. 设计制作精美终端物料，提升终端品牌曝光率

活动还将“惠食通”认证标志在所有的参与餐饮终端玻璃门进行张贴，再在门口配以醒目的人形立牌进行宣传，提醒消费者此店凭“惠食通”手册消费有优惠。宣传物料在宣传店家信息的同时也能提高珠江啤酒的品牌形象接触频次，营造主场氛围。

餐饮终端的“惠食通”标志

餐饮终端人形立牌

自1985年正式投产以来，珠江啤酒陪伴广州人走过了20多年，见证了这座城市的每一次辉煌与精彩。随着近年来珠江啤酒在外省市场的进一步开拓，越来越多的国人也开始熟悉“珠啤味”。而珠江啤酒通过声势浩大的“广州2010珠江啤酒惠食通”活动，把没有广州亚运赞助权的劣势变为优势，为亚运深深打下了珠江啤酒的品牌烙印，让珠江啤酒成为了亚运盛会的集体记忆。

“惠食通”通过广州市民与广大海内外游客的热情参与，让他们的亚运旅程变得愉快又美味；其创新、多样的营销宣传活动为广州和亚运的美食文化提供了新的推广思路，打造了岭南美食文化名片；其与广大餐饮终端、各类公关媒介的通力合作，成功实现了各方多赢的局面。

据统计，通过这次活动，珠江啤酒在现饮终端的铺货率和市场份额环比分别提升了6%和10%；2010年7月份广州地区销售量同比提升了24%。此外，据IPSOS的品牌跟踪研究报告，珠江纯生啤酒无提示知名度和饮用率均有显著提升。

珠江啤酒亚运“惠食通”在活动中嵌入珠江啤酒优惠促销活动，加强了销售渠道关系；最大限度地聚合年轻人群参与，树立并提升了珠啤年轻、尽兴、时尚的品牌形象，营造了主场氛围；让广大民众及餐饮行业一起热情参与亚运，推广了岭南美食文化，实现了市场效益、品牌效益、社会效益的共同提升。

【专家点评】

黄合水（厦门大学新闻传播学院副院长、教授、博导）

铺天盖地“惠食通”，珠江啤酒岭南红

经过改革开放30多年来的市场博弈，啤酒市场已经变成一个相对稳定成熟的市场，消费者对啤酒产品以及啤酒的主要品牌已经心中有数，市场格局基本形成。在这种背景下，要改变市场格局，并不容易。换言之，市场易守难攻。但是，如果能够抓住一些重大而不易获得的机会，打破市场平衡也是有可能的。所以，不管是强势品牌还是弱势品牌，当它拥有了一定的市场份额之后，一方面要注意防患于未然，另一方面要学会及时应对自己的品牌突然受到的任何强有力的攻击。

2010年，第16届亚运会在广州举办，台湾啤酒作为亚运赞助商，对华南市场虎视眈眈，传播营销活动来势汹汹，其他国内著名品牌也蠢蠢欲动。面对这种严酷的形势，珠江啤酒围绕亚运营销在广州本地发起一场针对竞争品牌进攻的漂亮的阻击战。

在这场战役中，珠江啤酒也许并没能阻止外来品牌的入侵，但它却没有因外来品牌的入侵而失去自己的阵地。相反，伴随着亚运会的举办，珠江啤酒的销售额得到相当程度的提升，这说明了珠江啤酒的阻击战是有效的、成功的。

看了该案例的介绍，本人认为，珠江啤酒之所以能够在阻击战中获得漂亮的战果，有以下三个原因：

第一，知己知彼，百战不殆。品牌竞争，特别是在一些重要营销活动中的竞争，了解竞争对手十分重要。从案例中我们看到，珠江啤酒对自己的主要竞争对手和即将利用亚运会大做文章的台湾啤酒都有比较充分的了解，对竞争对手的优势和弱点也看得比较清楚，这就为它制定正确的应对策略提供了必要的依据。

第二，利用地利，全面出击。珠江啤酒是广州本土的啤酒，在本地经营时间长，顾客关系基础好，销售终端占有明显的优势。于是它们充分利用这一优势，结合广州美食文化，展开了一场铺天盖地的“惠食通”运动。由于珠江啤酒本身在广州已经有了很高的知名度，因此，活动一展开，很容易得到广大消费者的支持。

第三，大量广告，强势发声。在亚运会前后，赞助商可以利用自身的赞助商身

份大打亚运牌，从而造成非赞助商竞争对手难以比拟的声势。在这种情况下，珠江啤酒设计了“惠食通”活动统一的视觉形象，在报刊、电视、网络等各种媒体中，展开有效的整合传播活动，顽强地抵抗了赞助商以及其他竞争对手的声势，使得珠江啤酒在亚运会期间，保持着高分贝的发声。这种强有力的发声，有效而直接地支持了终端的促销活动，从而整体上提升了珠江啤酒在亚运期间的能见度。

国泰君安证券

GUOTAI JUNAN SECURITIES

作为国内券商行业的老牌劲旅，国泰君安的历史可以追溯到一九九二年创办的国泰证券和君安证券，系新中国最早创建的证券公司之一，并一度占据着行业领先地位。一九九九年八月十八日，经中国证监会核准，二者合并成立了国泰君安，合并新设后，公司注册资本三十七亿三千万元，成为当时国内最大证券公司。

经过十二年的发展，国泰君安证券从当初两家濒临破产的中小型券商，到如今资产规模已经突破千亿元，是国内规模最大、经营范围最宽、机构分布最广、服务客户最多的证券公司之一，拥有金融证券服务全业务牌照，在全国二十九个省、自治区、直辖市设有二十六家分公司、一百九十三个营业部（含三十五个直属营业部）。

国泰君安：券商品牌转型“先手”

“大门朝南开，客户上门来”，对于国内的券商而言，这样的好日子正在成为回忆。

在过去的十多年时间里，国内券商行业从无到有、从小到大，并伴随着证券市场，经历了一轮颇为顺利的自然生长。但是，由于中国的证券市场还处于初级阶段，中国的证券公司经营历史不长、业务范围雷同、竞争优势不明显，还远没有形成自身的特色。虽然券商在资金规模、人才层次、经营理念上有了不同程度的提高，但是，他们所提供的金融服务品种仍相差无几，仅在服务手段上有些许差异，仍无法摆脱同质化竞争的现状。

譬如，在目前券商经纪、投行、资管、研究等几大块业务中，经纪业务的佣金收入是券商最重要的利润来源。据近几年券商财务数据显示，目前行业经纪业务佣金收入对净利润的贡献水平仍高达80%。

券商行业佣金率快速下滑标志着证券行业由规模驱动到创新驱动的转型已经开始。

自2007年以来，随着券商数量的增多，彼此之间“佣金大战”愈演愈烈，佣金率和成交量连续几年持续走低。统计显示，2007年底证券行业佣金费率为1.9‰，而到2010年底降至0.97‰，三年间累计降幅达51%。

这使得不少券商都认识到，昔日靠天吃饭的交易佣金已是一片“红海”，在创新盈利模式的同时，也必须着力券商品牌的打造，很大程度上，这是国内券商走向未来成功的必经之路。如何提早布局？显然到了国内券商认真考虑的时候。

作为国内最大的综合类证券公司之一，国泰君安在谋求“中国证券业领袖品牌”的路上，不仅赶个了早集，而且在很多方面也抓到了先手。

从2006年开始，国泰君安开始着手进行“基础形象建设”，对全国数百家营业门店进行了VI工程改造，使客户对国泰君安品牌有了清晰的认识。在随后的两年时间里，其在品牌和营销方面的尝试和努力，也颇为业界称道。

2009年5月，国泰君安“业务创新与品牌突围”并举，正式推出了君弘财富俱乐部，以俱乐部模式探索全新客户服务。两年的成长，君弘财富俱乐部的规模迅速扩大，并在行业里树立了领先的券商经纪业务服务品牌，更重要的是，俱乐部这一服务模式，还获得了客户对券商在经纪服务上的信任和期待，这对于券商客户服务转型无疑是一次极其有益的探索。

第一节　“成长的烦恼”

一、中国速度

中国券商行业的发展，发轫于1985年深圳特区证券公司的成立。此后，中国券商市场从无到有，伴随着我国宏观经济的快速增长而迅速扩张。

在过去的20多年时间里，随着我国经济体制改革的逐步深化，国民经济水平得到了较大提升。其中，中国国内生产总值（GDP）从2001年的11万亿元，全球第六，增长到了2010年的40万亿元，名列全球第二。

随着中国宏观经济的持续向好，无论资本市场抑或总体社会财富都取得了空前的增长。其中，上证所和深证所各自从“老八股”和“老五股”时代起步，茁壮发展成为合计上市公司总数超2000家的全亚洲最重要的股票市场之一；而与之相应的是，截至2010年年底，我国的居民储蓄达到20万亿元，随着居民观念的改变以及收入的增多，人们的投资需求也越来越强烈，庞大的居民储蓄将逐步向资本市场转移，这种趋势，为券商产品的销售和推广，为创新产品的推出提供了广阔的市场。

从发达国家的市场发展经验来看，我国资本市场的发展潜力巨大，作为资本市场上最重要的中介机构，券商也是最直接的得益者之一。事实上，作为中国金融领域的一次重要金融机构创新，券商的出现为中国的金融机构增添了新的门类，大大丰富了非银行金融机构的内容，使中国金融结构中以国有银行为主的金融结构状况逐步发生改变，加大了储蓄—投资转化机制中的市场化成分，并且通过一系列的金融工具创造来推动财富和资产的流动，对社会资源配置的优化起到独特的、其他金融机构无法取代的作用。

巨大的市场成长性和未来潜力，也为券商的发展提供了强有力的保障。根据相关统计数据，截至2011年3月，全国百余家券商的证券营业部数量已达4652家，自2009年起的短短两年内，数量激增50%以上，中国证券市场经历了一轮券商新设营业部和服务部升级的狂潮。

虽然经历了一轮又一轮的高速发展，但20多年来，困扰券商发展的“阴影”却一直挥之不去，且也成了制约券商发展越来越迫在眉睫的问题——靠天吃饭和周期性的痼疾尚未改变，经纪业务硝烟四起，竞争无序；曾被寄予厚望的融资融券等创新类业务，受制于种种原因，未能使券商的收入和利润结构有所改善。如今，券商作为关乎国内资本市场兴衰的一支重要力量，如何保持券商行业的良性发展，提升中国资本市场整体竞争力，已经成为了从管理层到全体市场参与者共同关心的问题。

二、“中国式困局”

造成目前券商窘境的主要原因，是经纪业务利润大幅下降。

从国内券商目前的收入构成来看，经纪业务一直是其主要收入来源，长期占据着券商净利润的八成以上的份额。这和同期国外证券公司的发展情况迥异。

1980年以来，美国证券公司营业收入年均复合增长率为10.5%，其中经纪、自营与承销业务收入的年均复合增长率分别为4.9%、5.9%和10%，而资产管理业务的年均复合增长率则达到18.7%，创新业务的增长速度超过了传统业务。而国内券商行业虽然在2006年后实现了大幅增长，但其主要推动力仍然来自于传统的经纪、承销和自营三大业务，受市场和政策环境制约，创新类业务只在集合理财和权证创设等局部领域获得突破。

对经纪业务的依赖，使得国内券商自然而然地倾向于多开营业部来获取更大规模的佣金收入，但营业部数量的激增、市场竞争的加剧，会导致行业整体佣金费率的迅速降低，同时经纪业务的投入迅速升高，从而又蚕食了行业整体佣金收入的利润率，形成了券商行业发展所面临的“中国式困局”。这从2009年以来国内券商行业的发展中可窥一斑。

根据相关统计数据，2010年上半年106家券商代理买卖证券业务净收入为482.75亿元，占总收入比重为66%，较2009年同期下降23%。而同期沪深两市总交易量同比下降并不明显，2010年上半年，据沪深交易所统计，同期106家券商代理成交额整体降幅仅为4.66%。事实上，佣金收入下降的“元凶”便是始于2009年的佣金价格战，至今仍硝烟不息。

佣金战缘于券商营业部数量的大幅扩张。2004年券商开始治理整顿以来，营业部的批设一度暂停，券商佣金战几无可闻。2008年下半年起，新设营业部逐步恢复，但仅有零星券商获批，随后证监会在2009年年中出台了新设营业部新规，10月末又对《关于进一步规范证券营业网点的规定》进行修订，放宽了券商设立营业部的资格条件，随后新设营业部潮涌。

与之如影相随的，则是券商经纪业务佣金战此起彼伏，行业生态恶化，盈利水平大幅下降，中国证券业协会对具有完全统计口径的54家证券公司2010年上半年相关数据的统计显示，整体佣金率已由2009年的0.125%降至0.093%。

针对这一局面，2010年10月，中国证券业协会发布《关于进一步加强证券公司客户服务和证券交易佣金管理工作的通知》（下称《通知》），要求经纪业务采取全成本核算方式测算服务成本，公开营业网点的佣金收取标准，不允许实行低于成本的佣金制。

虽有监管层伸出的政策“援手”，但很大程度上，券商行业要想摆脱当下面临的发展“困局”，更需要的，便是在业务创新和品牌建设上着力，来摆脱国内券商行业业务结构与品牌的同质化竞争局面。实际上，从欧美成熟市场的发展经验来看，券商业务和品牌的差异化，也是券商经纪业务在佣金自由化竞争过程中必然会产生的结果。

譬如，在美国市场，经过了长期以佣金价格为主的竞争之后，如今其券商的品牌和业务模式也已经产生了明晰的分化，形成了以高盛为代表的超高端模式，以美林为代表依靠雄厚的研究实力和经纪人队伍提供全面理财服务的模式；而诸如E-TREAD等，则定位于致力于为价格敏感客户提供廉价通道服务；相应地，EDWARD JONES则占据了小城镇，成为社区经纪商。

因此，在行业大势的冲击下，国内不少券商也已经纷纷开始在品牌和业务创新上进行相应的探索，在业内，2010年也被称作券商的创新元年。

三、品牌的挑战

在国内券商转型的过程中，最为关键的便是品牌。所谓品牌，可以套用一句简单的比喻，“你的就是你的，和别人的不一样”。对于券商来说，它的品牌所代表的便是其卓越的公司企业文化、投资文化以及服务文化在同业中表现出的与众不同的经营特色，并能够为客户和市场所认同。

事实上，客户对券商服务的偏好及其对服务价值的认知，永远是券商盈利的有效基石。在许多时候，价格在证券经纪服务属性中属于一个次要的层次，既非投资者直接选择券商的原因，也并非最核心的选择因素。如果券商能够真正理解客户价值的本质，树立良好的品牌，创造出堪与他人竞争的差异化，给予客户更多的从其他公司服务所得的满足感，就会使产品的定价空间得到充分的拓展。

没有鲜明且强势的品牌，正是现阶段国内券商与欧美成熟市场同行相比所存在的主要问题和差距之一。

虽然经过了20多年时间的快速发展，但中国证券市场仍然是一个新兴市场，中国券商的发展历史不过十来年，无论公司的治理结构、运作机制还是从业人员的专业化、职业化水平以及道德水准还都未能满足能够创品牌的要求。

一方面，国内证券市场游戏规则和各种市场政策有着政出多门且朝令夕改的特点，于是，市场参与者便更多地表现出急功近利、短期思维的行为特征。这就给券商在公司发展过程中制定长期稳定的品牌经营战略和业务模式带来了难度。

另一方面，中国证券市场与开放、自由的国际市场相比，还是一个相对封闭、保守的市场。证券品种单一，投资工具稀少，券商业务创新能力弱，金融服务水平难以提高和发展，导致券商在经营上表现出粗犷式、同质化、普遍性的行业特点。实际上，一些券商也一直想在经营上创建出自己的品牌，但苦于“巧妇难为无米之炊”，在现有的市场条件下很难做出自己的产品和经营上的与众不同。

长期的粗犷式经营也给券商留下了不少创伤和历史问题，以至于今天当市场竞争加剧时，大家还在忙于舔伤口，而未能顾及品牌建设。而且，由于证券行业属垄断性行业，在20世纪也是暴利行业。券商没有太大的经营压力和难度，因此只顾着在外延规模上的扩张，而忽视了服务内涵和服务质量的深化、提高，在经营观念上只有规模意识而没有品牌意识。大多数的券商还并没有真正认识或理解品牌战略的内涵和其意义所在，以为“规模＋知名度”就是品牌。实际上对任何一家公司而言，创建品牌都是一个宏伟的系统性工程，而对券商而言，品牌的价值将最终体现在它服务产品的溢价能力上。

第二节 十年砥砺，率先破局

一、国泰君安概况

作为国内券商行业的老牌劲旅，国泰君安的历史可以追溯到1992年创办的国泰证券和君安证券，系新中国最早创建的证券公司之一，并一度占据着行业领先地位。1999年8月18日，经中国证监会核准，二者合并成立了国泰君安，合并新设后，公司注册资本37.3亿元，成为当时国内最大的证券公司。

经过12年的发展，国泰君安证券从当初两家濒临破产的中小型券商，到如今资产规模已经突破千亿，是国内规模最大、经营范围最宽、机构分布最广、服务客户最多的证券公司之一，拥有金融证券服务全业务牌照，在全国29个省、自治区、直辖市设有26家分公司、193个营业部（含35个直属营业部）。

自1999年通过合并成立至今，国泰君安的发展大体经历了三个阶段。在成立的最初阶段，国泰君安面临的主要问题便是如何将两个“母体”整合为一家公司，为此，国泰君安花费了整整三年时间，将合并之初“一个总部、两条营业部管理线、三个业务中心”的运作模式，最终改造成了集中统一管理、分级授权经营、条块结合的经营管理体制。

与此同时，通过合并而来的国泰君安彼时也背负着大量历史遗留问题，资产质量良莠不齐，逾期债权一度占公司净资产的九成以上，且拥有大量非证券业务资产，严重困扰了公司的经营和发力。为此，在完成整合之后，国泰君安先后通过四次战略性财务重组，以发行公司债券、引进汇金公司注资、进行战略性财务重组、与投资管理公司共同增资等方式，剥离了全部非证券类资产，不仅优化了公司的财务结构，也解决了长期困扰公司发展的资产质量问题。

虽然国泰君安在证券行业算得上是一名“老兵”，但是随着诸如中信证券、中金公司等新兴券商的不断崛起，国内券商的席位逐渐发生了变化。国泰君安也经历了市场份额缩小，面临着多家券商竞争的市场局面。2005年，国泰君安的净利润行业排名下降到了第17位。

2006年开始，随着市场大势的好转，内部整合梳理告一段落的国泰君安也展现出了老牌券商的老辣功夫，开始在内部推动改革创新来抓取市场机会，并提出了“以创新协作为主线推进业务升级化”的发展战略。凭借内部在管理和业务创新方面的突破以及殷实的“底子”，2006年当年，国泰君安的净利润一举上升到了行业第四，并在此后，国泰君安一直牢牢位于国内券商三甲之列。

二、夯实基础

自2004年起，国内的金融机构就开始频频加入央视招标企业之列，并逐年有增无减，但这个行列中以银行和保险类机构为主，竞标者中没有一家证券公司。对于券商而言，其业务很大程度上随着股市大势波动，品牌尚处于自然成长阶段，鲜有企业能够长期坚持品牌建设。

但国泰君安却属于行业中的“异数”。自2006年发力塑造市场优势起，品牌便是其耕耘的重点之一。

2006年是国泰君安基础形象建设阶段。彼时，国泰君安通过VI工程，使投资者对国泰君安品牌有了清晰的认识，突出“我的”。以往，国内券商往往分支机构比较强大，总部比较弱势，“儿子大，老子小”，各分支机构的品牌意识都比较淡漠。因此，国泰君安的VI工程与加强总部力量的组织变革是相呼应的。据统计，全国VI改建共涉及全部175家分支机构，为国内券商首例全方面的同时也是规模最大的形象建设工程。

2007年，国泰君安借助“总部搬迁”、“八周年共庆”等活动进行一系列事件营销活动，开始探讨客户“你的”价值在哪里。推广活动全部运用线上传播方式，同时引入分众传播理念，实施媒体形式与受众目标的差异化组合；传播方式从视觉到听觉，从大氛围的大众传播到重点区域的重点突破，提高了媒体的多样化程度，提升国泰君安员工和原有客户的自豪感，增进员工之间的凝聚力和客户对公司的美誉度，最终达到企业竞争力的整体提升。

2008年，国际金融界风云突变，雷曼这样的知名投行品牌一夜之间不复存在，国内需要领袖气质的投行品牌。作为一家综合实力位列三甲的券商，国泰君安在收获了一系列的认可之后，希望自己的产品和服务能够代表中国的最佳券商形象，提升在广大投资者中的品牌形象。

某种程度上，国泰君安的业务和品牌创新是从细微处着手开始的。比如国泰君安的服务平台上有“8个工具，5个武器”，这些都不是不可复制的，关键是提升客户满意度、打造差异竞争力的意识与态度。以“锐智软件”为例，其具有的闪电委托功能，在目前国内券商开发的产品中独一无二，它将市场分析、投资决策、买卖操作三个客户交易要素融为一体，在高度随机的市场当中有效帮助投资者改善投资行为。再比如“易阳指”，行情、资讯、交易三合一，成为“移动的券商”，现在已经更新到二代。为此，国泰君安提出的口号是“轻松阅读，快乐投资”，事实上做投资是专业繁琐的工作，是不容易快乐的，这一策略在很大程度上满足了客户的心理需求。

为更好地服务客户，除了提供更为多样的产品之外，更好地定位、识别客户也是必不可少的。在证券公司，传统的CRM系统往往是根据资产数量进行分类，而在国泰君安，则更为注重投资特征、风险偏好等信息的收集。传统分类更倾向客户曾经提供的贡献，而国泰君安则更关注客户的潜质以及未来可能带来的价值。依靠这种客户群体的细分，国泰君安能够精准推送更为精确的咨询信息。

针对个人投资者而言，传统的证券公司以“行情＋交易”为核心，服务手段和内容相对贫乏、单一，投资者还享受不到优质的、专业化的服务。对于国泰君安这样的券商而言，挑战在于，如何从单纯的通道业务转型成为“服务型券商”，提供资讯、咨询、交易服务于一体的综合服务？国泰君安给出的答案是“技术先行，实现技术与服务的双提升”，这种思路在“互联网经纪服务平台”上得以集中体现。

“互联网经纪服务平台”将信息服务的单一行情交易时代终结，转化为软件、网站、手机同步的真正综合证券服务体系，形成了以“ET助手”、“易阳指”、“锐智软件”为代表的综合产品。

通过一系列“润物细无声”的创新和改变，国泰君安已经开始享受到品牌塑造带来的收益。在过去几年里，国泰君安的经纪业务连续在中国内地券商中拔得头筹，而其网点数量在百余家国内券商中，却排在前五名之外。

由于国内证券业鲜有可借鉴的品牌塑造的成功案例，结合行业特性与企业自身定位，国泰君安树立了品牌中长期沟通方略的“三原则”：不大肆宣传，重沟通；以渗透的方式让品牌进入客户的世界；为客户提供有用的决策参考资讯和工具。依照这个思路，国泰君安循序渐进，有序地提升品牌形象。

三、突破口

在经过一系列“基础性”探索之后，2010年5月，国泰君安在酝酿一年之后，正式推出了中国证券行业第一家客户俱乐部——君弘财富俱乐部，以俱乐部模式探索全新客户服务。

事实上，对于任何企业而言，要想提供专业化、差异化的产品，需要背后专业的技术、研发力量支撑，但现状是，国内各大券商大量的进行资讯以及数据系统的外包，所有的资源都掌握在第三方，对于券商而言，打造差异化的产品，意味着巨大的成本投入。

在重新审视业务线后，国泰君安发现，在零售线上，公司拥有的产品种类非常繁杂，但是，这些产品并没有统一的规范体系，也没有明确的用户定位，所有产品各行其是，想要握指成拳，必须打造出一个能够承载各类产品的统一平台。但是，这样的平台该用怎样的形式呈现？

在对客户进行了分类分析之后，2009年6月，国泰君安率先在几家分支机构试点推出了中国证券行业第一家客户俱乐部——君弘财富俱乐部。12个试点带来的反馈非常好，俱乐部会员的流失率大概只有非会员的客户的1/3，所实现的保有率确实很高。经过一年的修正优化，形成了成熟的俱乐部服务模式和服务体系，2010年5月，君弘财富俱乐部在全国各家营业部推出。俱乐部的活动策划权下放给各一线，各分公司根据自身会员需要选择活动形式。

国泰君安证券君弘财富俱乐部依托公司自身雄厚的研究力量和扎实的服务基础，为会员提供多达80余项的行情交易、资讯、咨询、投资顾问等方面的服务。精心打造“行$^{+}$、优$^{+}$、惠$^{+}$”三大套餐服务和钻石卡、金卡、银卡会员。

俱乐部通过分析客户资产规模以及价值贡献，对客户进行分级分类服务。具体而言，如果投资者是国泰君安客户且入市资金达到5万元，将受邀成为君弘俱乐部银卡会员；入市资金达30万元，将受邀成为君弘俱乐部金卡会员；资金达500万元，还可受邀成为钻石卡会员。君弘俱乐部会员可获得由国泰君安提供的包括行情、交易、咨询、投资顾问、积分兑换及会员活动等多项优质服务。

一年来，君弘财富俱乐部已在国泰君安证券全国各地的分支机构落地运营，目前会员人数已达13万之多。君弘在客户中建立了良好的口碑，并且在市场上拓展了一定的知名度。在券商服务趋向同质化的今天，券商和股民之间的关系，依赖于交易费率的价格战，就长远而言，并不利于行业的规范和发展。

国泰君安君弘财富俱乐部首创了证券行业的客户俱乐部服务模式，率先以客户分级分类为基础，对客户提供个性化服务。它的成立意味着证券行业全新服务模式的出现，这种金融服务方式方法的转变，也将成为中国金融市场走向成熟的一大标志。

第三节　君子之道

一、锁定核心客户

对于任何企业而言，识别并抓住核心客户都是一件至为重要的任务。证券公司要赢得竞争，保住或扩大证券市场占有份额，就必须采取差别化原则，通过自己与其他证券公司服务的差异，建立稳定的客户。

在证券行业，客户与利润之间的关系同样符合“二八原则”，即绝大多数公司80%的利润只来自其客户群中的20%，因此，证券公司必须要进行市场细分，选择目标市场进行重点服务。针对不同投资者的不同条件、不同投资偏好、不同心理、不同投资要求，提供不同的证券经纪服务。只有重视同核心客户的长期稳定关系，以这部分客户群体为中心，并且将这一理念贯穿到证券经纪服务的各个环节中去，不断提高服务质量和服务水平，才能实现服务的差别化与个性化。

2008年上半年，国泰君安联合多家专业咨询公司，开始深入调研和剖析客户群体的特征，明晰目标客户定位。

通过调研，国泰君安发现，其客户群体可以划分为三个层级：资金在30万元以下的客户在总数中的占比非常大，这部分用户会消耗更多的成本，但给券商创造的价值并不大，甚至会带来部门的亏损；资金在30万元到100万元之间的客户，虽然数量只占整个客户群体的4%左右，但为国泰君安提供了60%以上的收入，属于核心客户群体；最后一个群体是资金在100万元以上的客户，这部分客户数量较少，属于珍贵资源，各大券商之间，对这一群体的争夺也非常激烈。

2009年，国泰君安确定了三级服务群体后，明确定位于30万元资金以上证券理财细分市场。

调研显示，客户分层不同，对于券商所提供服务的需求也各有不同，入门客户需要的服务大多属于基础服务，而高端客户的需求则非常个性化。更重要的是，调查显示，处于二者之间的第三类客户群体，为国泰君安贡献了最为丰厚的收入。而根据估算，券商每保留一个客户的成本，大概是开发一个新客户成本的1/3，显然，留住这样一个客户，远比开发一个新客户价值更大。

在与中高端客户交往的过程中，国泰君安发现，这部分客户对于信息的分析判断已经形成了较强的独立思考能力，分析师的建议对其而言会作为参考，但其更感兴趣的，是希望能够接触到更多资产规模相当的“同类人”，进行投资心得的交流，既能提高业务水平，也能扩张人脉。在对这些需求进行归纳分析后，能够营造“圈子”的俱乐部的平台形式，随之成型——这便是国泰君安君弘财富俱乐部。

君弘财富俱乐部最重要的意义，是清晰指出了俱乐部要服务的目标客户群：中国快速成长的拥有30万—500万元金融资产的新兴阶层，也正是诸如国泰君安等券商快速成长的目标客户群。

此外，君弘财富俱乐部明确的定位便是服务。在证券公司纷纷扬扬的价格竞争的大背景之下，国泰君安将该俱乐部的核心锁定在了这部分客户的服务诉求上。基于此，这个俱乐部从设计之初便不仅是一个简单的产品，而体现的是国泰君安在证券经纪业务和零售理财市场的战略选择。在整个君弘财富俱乐部的体系当中，一切的产品设计都是以会员和客户的视角出发的。为此，国泰君安对旗下的人力和IT等后台资源进行了优化布局，进行了一系列诸如FC投资顾问人力资源体系以及君弘百事通等创新。

二、后台支撑

回归服务本质，是国泰君安推出君弘财富俱乐部的初衷，其意图借此来为国泰君安的业务以及品牌提供一个强有力的注脚。但众所周知，相比其他服务行业，在金融领域，高端客户对于服务的要求相对较高，如何满足客户需求便是一个问题。

为此，国泰君安正在试图推进的，便是如何通过产品创新，来将整个公司的资源整合呈现出来，让客户在接受服务时，面对的不仅是单个的客户经理，而是整个公司的资源体系。譬如，在君弘百事通中，国泰君安还计划推出“F2键”的功能，如果客户提出了专业的投资问题而客户经理无法解答，那么便可以通过热键将相应的问题向公司总部的分析师团队传递出去，由总部帮助解答。而客户也可以对后援团的解答进行评分，并将之纳入总部后援团队的绩效和考核。

以君弘财富俱乐部推出的“优⁺”套餐为例，一名金卡会员可以享受到如下“七个一”服务：一套全市场、全球的行情平台，并且搭载了与基金经理同步的研究报告数据库平台；一个高速交易通道，形象地说，在银行持有金卡不排队，在君弘财富俱乐部，持有金卡不堵单；一套全新的个性化手机产品，依托3G高速发展，提供短信、彩信的全方位覆盖，帮助会员随身解析证券市场动态；一位“一对一”服务的投资顾问，随时提供高效率的专业化服务；在营业部现场，一个贵宾绿色通道，享有高效率、私密尊贵的业务办理环境；一套金卡会员积分和完整的积分礼品兑换体系；一份关注品质生活的《君弘财富》会刊。

依托诸如此类的设计，来实现国泰君安综合资源与俱乐部前台服务的配套。

除了整合自身资源，国泰君安证券还携手多家第三方合作伙伴，寻求各行业的优秀力量，共同为会员客户打造增值服务。譬如《君弘财富》会刊，正是由国泰君安证券与全国性财经类权威报刊上海证券报携手打造的，该会刊是君弘会员独享的增值利益，定位于中产阶级品质生活，通过将家庭结构性理财和主流品质生活相结合，在投资、理财、健康等多领域扩展会员的视角，是会员投资之余的额外收获。

而伴随着君弘财富俱乐部的成立，国泰君安证券同时携手专业指数调研机构“零点咨询”推出了业内首个由券商制作的理财指数——“君弘证券理财指数”。该指数完整展现了中高端证券理财人士对未来证券理财的信心，具有公益性性质，旨在推动公众对于证券理财生态的关注与思考。目前，在证券行业，尚未有类似指数存在，“君弘证券理财指数”的诞生填补了业内该领域的空白。基于这些产品和服务创新，国泰君安希望实现的，是在佣金之外探索多种的收费模式，进行证券行业全新、多元化收入的探索。

而在传播方面，君弘俱乐部也形成了自己的特点。除了单纯的广告宣传之外，还探索出了多种颇为新颖的方式：譬如依托会员活动，让会员对于服务达成一定的共识，并形成基于“圈子”的文化共鸣；譬如在会刊中不仅涉及了关于投资理财的内容，而且同时也增加了大量关乎投资文化的内容，通过会员与其朋友家人对会刊的分享，来传播君弘俱乐部的内涵和思想。

对于一个服务型品牌，其成长和成熟需要很长的时间。而按照国泰君安的目标，其希望借助这一俱乐部，在今后五年，使30万元以上的客户群体的增长达到500%。

【专家点评】

白长虹（南开大学旅游与服务学院院长、品牌营销与服务管理系教授、博导）

服务品牌建设的新实践和新方法

在国内券商竞争日益激烈、券商盈利模式亟须调整的时候，国泰君安敢于改变传统的盈利模式，秉承顾客视角，通过一系列的品牌建设活动来增加顾客价值，提升顾客满意度和忠诚度，并将品牌作为提升公司盈利能力和核心竞争力的重要手段，具有前瞻性和开创性。君弘财富俱乐部作为公司搭建的承载服务产品的同一平台，并作为国泰君安分层客户管理的工具，通过定位精准的服务提升了客户的价值，为国内同业树立了标杆典范。国泰君安的品牌建设有以下几点值得国内同业学习：

一、积极践行顾客视角

证券行业属于现代服务业的范畴，证券公司的品牌建设就是服务品牌的建设。服务品牌不同于产品品牌，有其特殊性和特定的建设路径。服务品牌价值的实现过程需要顾客的参与，服务的价值在根本上是企业与顾客共同实现的。正是服务品牌建设的这一特殊性要求服务企业在品牌建设中必须要践行顾客视角，深入地挖掘顾客需求，并以此作为品牌建设的根本出发点。在这一点上，国泰君安能够抓住服务品牌建设的本质，将顾客纳入到品牌建设中来，很好地践行了顾客视角。国泰君安能够理性地对顾客进行定位，将客户的潜质以及未来可能带来的价值作为细分顾客的基础，并通过研究不同顾客的需求对顾客进行分层管理，为顾客提供有针对性的产品服务包，以渗透的方式让品牌进入客户的世界，为客户提供有用的决策参考资讯和工具。精准的顾客定位和分层的顾客管理方式将顾客视角融入到产品和服务设计中，确保在顾客需求的基础上建设品牌。

二、从细微之处建设品牌

服务品牌是企业传递给客户的一种承诺，公司的产品、业务、流程、人员、服务等各个环节都需要对品牌形成有力的支撑，都应该服务于公司的品牌承诺，确保向顾客传递一致的价值。在品牌的对外传播上，VI工程能够将服务品牌传播给广大受众，让受众形成对品牌的强烈印象和认知。在这一方面，国泰君安推进国内券商首例全方面的同时也是规模最大的形象建设工程，从VI工程建设入手，并与加强总部力量的组织变革相呼应，突出“我的”的品牌属性，使投资者对国泰君安的品牌有清晰的认识。同时，在品牌的内部建设上，国泰君安能够从服务的细节着手，秉承“提升客户满意度，打造差异竞争力”的意识与态度，通过服务平台上的“8个工具，5个武器” 帮助客户实现了“轻松阅读，快乐投资”，满足了客户的心理需求，并将公司的品牌承诺落到实处。

三、精益服务助推服务品牌建设

服务品牌建设的路径和方法是值得探索的问题，服务品牌内化为解决“如何为顾客提供更好的服务”指出了一条探索性的路子，而精益服务则探讨“为顾客提供什么样更好的服务”问题。国泰君安君弘财富俱乐部实质上是对精益服务进行的有益探索。对客户的分层管理便于有针对性的对不同客户量身定制服务产品，确保服务的准确性和及时性；多种增值服务兼顾了客户的情感诉求，提升了顾客的情感价值。

君弘财富俱乐部的成功不仅是国泰君安服务品牌建设的阶段性胜利，也是精益服务在实践中应用的典型案例。希望国泰君安能够发扬优势，不断探索服务品牌建设的新实践和新方法，在服务品牌的建设上走得更远。

999®感冒灵

二〇〇七年九月起，999感冒灵突破行业营销中强调功能诉求的『窠臼』，将品牌上升到『温暖、关爱』的情感诉求，在满足消费者『治疗感冒』的基本需求的同时增加『温暖的用药体验』，与其他感冒药品牌相比具有明显差异，并借助于整合营销，打响了夺取『中国感冒药第一品牌』的攻坚战。

二〇一〇年，999感冒灵系列销量继续增长，连续四年勇夺感冒药市场第一，奠定了品类领导者的基石，从产品定位、品牌塑造到营销推广，其品牌建设之道有很强的借鉴意义。

三九："情感"突破，打造"第一品牌"

有专家曾经为感冒药市场容量算过一笔账：我国每年约有75%的人至少患一次感冒，也就是说，每年有近10亿人至少需用一次感冒药，按每次平均用药15－20元推算，治疗感冒的药物，每年至少有150亿—200亿元的市场空间。

感冒是自我诊疗率非常高的病症，感冒药作为OTC（非处方药）的重要组成部分，堪称我国医药产品推广品牌营销中的成功范例。全球各大药厂的感冒药品牌重兵压境，市场竞争十分激烈。

作为优秀的民族品牌，999感冒灵能够在一度占据优势的西药品牌以及传统中药如板蓝根等众多产品中脱颖而出，得益于始终倡导"中西结合、平衡用药、健康之道"的用药理念，也恰好满足了患者对OTC药物和治疗感冒的基本需求。但是，999感冒灵产品团队有着更高远的愿景——打造"感冒药第一品牌"。

2007年9月起，999感冒灵突破行业中营销强调功能诉求的"窠臼"，将品牌上升到"温暖、关爱"的情感诉求，在满足消费者"治疗感冒"的基本需求的同时增加"温暖的用药体验"，与其他感冒药品牌相比具有明显差异，并借助于整合营销，打响了夺取"中国感冒药第一品牌"的攻坚战。

2010年，999感冒灵系列销量继续增长，连续四年勇夺感冒药市场第一，奠定了品类领导者的基石，从产品定位、品牌塑造到营销推广，其品牌建设之道有很强的借鉴意义。

第一节　群雄逐鹿，期待王者

一、感冒药购买行为分析

据中国非处方药协会的统计显示，在中国自我诊疗比例最高的常见病症是感冒，占常见病症的89.6%，高出第二位30个百分点。这意味着众多的感冒药目标消费者不再去医院治疗，而是到药店自行买药。城镇居民在OTC的消费上，感冒药占到85%，远远超过排名第二的消炎药55%的比例，这种现象在全球普遍存在。现阶段，在中国药品零售市场中，感冒药的销售额约占药品零售总额的15%，与止痛药、肠胃药、皮肤药、五官用药一起占据了我国OTC的主体。

由于感冒药的购买主要由消费者自主决定，品牌策略是其中必不可少的一环。通过调查发现，广告宣传是影响消费者购买决定的最主要因素。近年来，各感冒药品牌纷纷加大广告投入，利用广告对消费者进行狂轰滥炸，提高品牌知名度，影响消费者的最终购买决定。

好的广告创意、精美的广告制作、高播放频率是提高品牌知名度的有效方法，但更重要的则是品牌定位。好广告仅仅使消费者知道了产品，出色的广告甚至可以引起消费者的购买兴趣，但是没有对消费者深入研究，缺少与消费者深层次的互动，寻找不出差异化的品牌定位，单纯靠广告砸出来的知名度非常脆弱。

二、百亿市场

据统计，中国感冒药品市场规模由2005年的94.37亿元增长至2009年的148.16亿元，年均复合增长率为11.94%。据南方医药经济研究所预测，未来我国感冒用药销售规模增长率将在9%以上，预估2010年及2011年我国感冒用药市场规模将分别接近165亿元和180亿元。

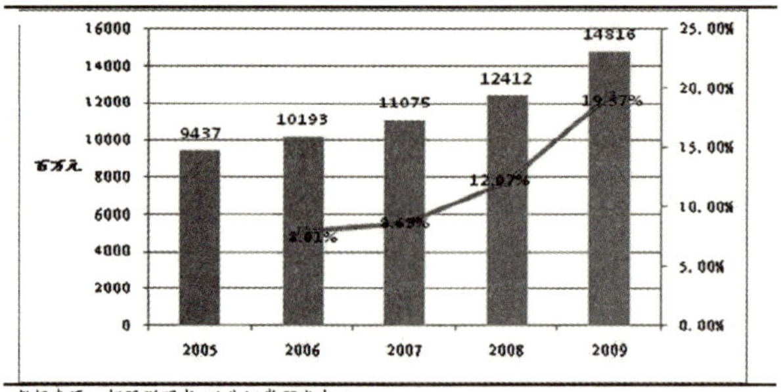

数据来源：招股说明书 兴业证券研发中心

图1　2005－2009年我国感冒药市场规模及增速

感冒药市场中，感冒药阵营大体分为西药、中成药两类，西药起效快、服用方便、便于携带，因而较受生活节奏快、注重速度和效率的青年人的喜爱；中成药的毒副作用小、疗效独特、治标又治本，但起效相对慢。中成药市场规模从2005年的30.59亿元增长到2009年的53.9亿元，感冒西药从63.78亿元增长到94.26亿元；5年来感冒中成药的年复合增长率达到15.2%，感冒西药的年复合增长率为10.25%，明显慢于中成药。

2005—2009年的感冒药市场中，感冒中成药占比从32.14%逐步小幅上升至2009年的36.38%；而相应的，感冒西药的占比从67.59%小幅降低至63.62%。

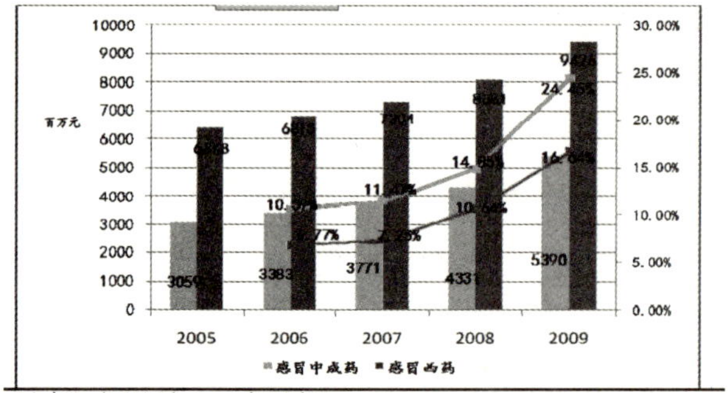

数据来源：招股说明书 兴业证券研发中心

图2　2005－2009年我国感冒药市场规模及增速

三、群雄逐鹿

目前全国6000多家制药企业中，起码有20%在做感冒药，市面上感冒药品种高达数百种，竞争高度白热化。

巨大的市场造就了感冒药“群雄逐鹿”的局面。人们在消费中逐步凸显出明显的"品牌意识"，在各种畅销感冒药中，知名品牌消费占到80%以上。第一阵营的品牌多以清晰的功效定位得到消费者的认可，如感康提出"抗病毒"理念、新康泰克提出"缓释"理念、泰诺提出"起效快速"理念、白加黑提出"日夜分别给药"理念，品牌定位都很明确。

品牌名	泰诺	新康泰克	日夜百服咛	白加黑
定位	保卫家人的感冒药	去除症状的感冒药	贴合患者生活规律的感冒药	
消费者	家庭成员	白领人群	年轻人群	白领人群
广告表现				
诉求点	快速起效	不仅快 而且稳定有效	轻松解决感冒	更好的解决感冒
功能利益	30分钟起效 缓解各种感冒症状	快速有效治感冒	日片不嗜睡 夜片可安睡	白天白片不瞌睡 晚上服黑片睡的香

图3　部分感冒药品牌的定位

2007年以前，各大强势西药品牌陆续进入中国，在媒体和线下对消费者进行强势教育，令含西药成分的外资品牌在感冒药领域一度占据市场主导地位；本土品牌虽然也有"999感冒灵"、板蓝根等知名品牌，但整体实力较弱。另外，感冒药市场整体高度分散，2006年的时候，没有任何单一品牌的市场占有率达到10%。

此外，无论外资品牌还是本土品牌，都陷入了一个品牌推广的"思维框架"，深信一条真理：感冒药是药，药就得治病，药的广告片得指向治病，而且治病的效果要立竿见影。在媒体推广方面，看到的感冒药广告片几乎都在用爆炸式的口吻，向消费者灌输"治喷嚏"、"治发烧"、"见效快"……

品类众多，缺乏行业领导者；目标人群广泛，但感冒药品牌诉求同质化。这是999感冒灵寻找品牌突破的大背景。

第二节　系出名门，另辟蹊径

一、999感冒灵概况

999感冒灵由华润三九医药股份有限公司（以下称华润三九）出品。

华润三九是大型国有控股医药上市公司，前身为深圳南方制药厂，主要从事医药产品的研发、生产、销售及相关健康服务。1999年4月21日，发起设立股份制公司。2000年3月9日，在深圳证券交易所挂牌上市，股票代码000999。公司于2007年11月底正式进入华润集团。2010年2月，公司名称由“三九医药股份有限公司”正式变更为“华润三九医药股份有限公司”。

早年，华润三九带有“999”标志的药物“三九胃泰”，经由著名表演艺术家李默然为其代言，广为人熟悉，其独家品种三九胃泰、正天丸都被列入新版国家基本药品目录，华蟾素、壮骨关节丸、参附注射液被列入国家医保甲类目录。

999感冒灵的生产和销售始于20世纪80年代末，剂型分颗粒冲剂与胶囊两种。从配方来讲，“中西结合”综合了中药、西药的双重优势，既含有具备抗菌抗病毒、抗流感解决根本病症的经典民间中草药，又含有解热镇痛、抗过敏的缓解症状的西药成分。这种行业创新性、领先性药品，最大化满足了感冒患者的差异化需求。多年来，999感冒灵严把质量关，从原料采购到销售流通均有严格的质量控制标准。经过20年数十亿人次的反复使用，产品质量和疗效得到了消费者的广泛认可。过硬的产品质量，是999感冒灵成功的基础。

2007年以前，999感冒灵一直与一线西药品牌错位竞争，2006年销售额位居国产感冒类药品的第二位，在民族品牌中仅稍次于"感康"。根据南方医药经济研究所2006年的监测数据，999感冒灵在15个大中城市的销售位列第三，位列国产药第二。虽然取得了不少成绩，但营销推广一直局限于"中西结合"的功能诉求，未能形成较强的差异化优势，品牌渗透率及转换率偏低，营销的边际效益在递减。此外，999感冒灵自身的区域发展不平衡，中心城市发展相对薄弱，需要品牌调整做出战略性回应。

二、战略机遇期

2008年10月底，为防止不法分子从药物中提取"麻黄碱类药物"（一种从中草药麻黄中提取的生物碱，是一种很有代表性的兴奋剂，也是合成苯丙胺类毒品，也就是冰毒的最主要的原料），国家食品药品监督管理局下发了《关于进一步加强含麻黄碱类复方制剂管理的通知》，要求各地进一步加强含麻黄碱类复方制剂（不包括含麻黄的中成药）的管理。

其中，药品零售企业最为关注的一条是"药品零售企业零售含麻黄碱类复方制剂，除执行药品分类管理有关规定外，一次不得超过5个最小包装"。若干含有此成分的一线西药类感冒药品牌遭遇限购令，陷入信任危机。

在此前后，英国政府下属的药物安全管理局对在英国市场销售的69种感冒药的研究表明，这些感冒药包含的其中15种成分可能引发儿童3种主要副作用：过敏反应、导致幻觉、干扰睡眠，这类感冒药对儿童并不完全安全。英国政府下属的药物安全管理局为此将伪麻黄碱等15种成分含量较高的感冒药剔除出了6岁以下儿童用药目录，并针对0—6岁、6—12岁儿童重新制定了感冒用药目录，并规定这些药只能在药房中出售，须经药师指导后购买。此次感冒药风波很快波及中国。

西药阵营中一系列知名感冒药品牌相继爆出副作用事件，其产品安全性受到质疑，连同更早时期的PPA事件，均使其市场势力大大削弱，在中心城市的销量开始下降，客观上为999感冒灵提升市场份额、谋求行业领导者地位提供了战略机遇期。

三、确立"情感"营销战略

2007年，999感冒灵的营销团队即在全国范围内开展细致的消费者需求调研。营销团队发现，感冒药功效已经是消费者被满足的需求，很多品牌都能起到效果，如果继续强调功能诉求，很难在品牌混战中突围而出。营销团队决定对营销重点做出重大调整，将营销重点从功能性营销转化为情感营销。

对于越来越感性的消费者来说，情感诉求不仅能影响消费者的品牌认知，而且更容易在顾客心智上建立消费附加值，从而产生更牢固的品牌联想，以情感认知在品牌与顾客之间建立良好的纽带。有效的情感沟通，能有更多的机会让消费者进入品牌的背后，对品牌进行更深入的了解和沟通。

“过去，999感冒灵的品牌是‘中西结合’的功能诉求，我们将此转变为‘温暖关爱’的情感诉求。”华润三九相关负责人坦陈，营销策略的主动调整起初在团队内部引起了非常大的争论，毕竟“中西结合”的故事讲了这么多年，消费者在认知上非常熟悉，感冒药能否通过情感诉求做营销？行业内没有先例，是否能成功谁都没有把握。

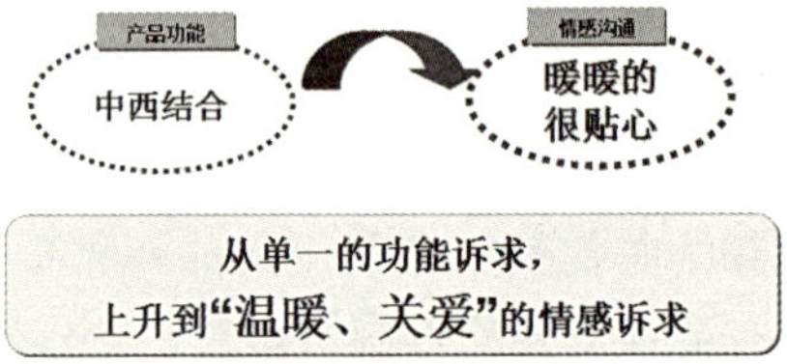

2007年9月，999感冒灵团队审时度势，制订了“成为中国感冒药市场的领导者，中国感冒药市场的第一品牌”的战略。品牌定位决定了品牌变革的必然性，促使意见达成一致的愿景，激发了团队坚定变革的决心，决定在行业中第一个“吃螃蟹”。

自此，情感诉求的品牌思路一直为999感冒灵团队所坚守，他们在品牌营销中反复强调：999感冒灵除了给消费者治疗感冒的基本症状以外，还提供良好的用药体验，是消费者心目中的贴心朋友；产品诉求不再是过往的理性产品沟通，而是上升到“温暖、关爱”的情感沟通，在满足“治疗感冒”基本需求的同时，提供“温暖、贴心的用药体验”。这一品牌定位，让999感冒灵超越了其作为感冒药的基本属性，迅速提升了消费者的忠诚度和尝试率，为夺取“第一品牌”奠定了基础。

第三节　步步为营，整合营销

一、三年攻坚战

产品定位从单一的功能诉求上升到“温暖、关爱”的情感诉求，那么，情感诉求究竟该如何落地？2007年至2009年，999感冒灵团队步步为营，坚持将情感沟通进行到底。

2007年，999感冒灵在品牌宣传中根据“温暖、关爱”的品牌新主张，邀请到形象健康、极具亲和力的周华健作为代言人，制作了一系列广告片，以“暖暖的，很贴心”为主题广告词，完成了区别于传统强调药效的差异化理念的确立。

2008年，999感冒灵开展以城市为单位的精细化营销，根据感冒灵区域发展不平衡的情况，对999感冒灵全国市场进行细分，根据不同城市的发展情况“因材施教”，深耕各地市场，根据不同市场，配置相应的人力、物力，充分发掘每个市场的潜力；同时，启动以“挖掘全国支医支教的志愿者的感人事迹，号召社会关爱志愿者”为主题的“爱心天使”整合营销活动，对品牌理念做了重点推广。

2009年，从公益、娱乐两大方面开展整合营销，深入诠释“温暖、关爱”的品牌内涵，巩固忠诚消费者对“中国感冒药第一品牌”的认知。其中“爱心天使、走进贵州”项目、安徽卫视《为爱高歌》公益项目、“纵贯线”演唱会营销项目、“流感预防公益片”项目这四大项目前后相继，集合事件营销，升华了“温暖、关爱”的品牌形象。

二、精选代言人，精炼广告语

功能诉求的时代，感冒药厂商非常喜欢塑造“专家”形象，通过打造一个专家形象，代表企业的专业性和学术地位，但是，999感冒灵追求情感诉求，显然不能走同样的路数。

从大众明星入手，提升品牌知名度和亲和力一个不错的办法。不过，不同明星具有不同的特质，拥有不同的受众群体，消费者对明星形象的感触会引申到他代言的产品上。

只有深入研究明星的品牌价值、形象特征、主要受众，才可以完成与品牌形象的适配过程。经过审慎研究，999感冒灵选择了歌手周华健作为代言人。周华健历来是好男人的形象，也是人们想象中的好父亲，阳光、健康，不失流行感但又没有特别新贵、前卫的感觉，比较符合“中西结合”的概念，跟999感冒灵匹配度较高。事后证明，周华健不仅品牌形象搭配得好，而且其歌手的身份为其后的公益、娱乐活动的开展也加分不少。

一句好的广告语同样必不可少。对于999感冒灵来说，其产品形态为“冲剂颗粒”冲剂，用服需要开水来冲，相比于西药一颗冷冰冰的胶囊，从嘴到胃是一个充满温情的服药过程，虽然服药过程略显稍长，但是只要充分传达“冲剂”的特征，就“暖”出人性间更多的真情。

于是，“暖暖的，很贴心”、“感冒远了，家人近了”这些贴切的广告语顺势而出。

999感冒灵，就是一种暖暖的药，一种充满感情的药，给患者暖暖的感觉，代表了亲人间温暖的情和爱。简单的广告语，很快变成一种品牌识别，在消费者的心中为品牌建立起了一种“暖暖的”情绪。“暖暖的，很贴心”迅速成为999感冒灵最核心的品牌认知。

三、精选媒介，整合营销

现在，消费者接触的媒介非常多元化，电视、网络、户外、公交车等。基于“温暖、关爱”的温馨策略，999感冒灵营销团队，从娱乐、公益等多个维度，整合明星资源、医生资源和媒体资源以及客户资源，通过电视广告、事件营销等手段进行整合营销，大大提升了999感冒灵的品牌效应。

1. 电视广告

基于"温暖、关爱"的品牌定位，由形象健康、极具亲和力的周华健作为品牌代言人，制作以"温暖关爱"为主题的广告片。

2010年12月初，999感冒灵执行了新一轮宣传活动，其中包括在全国重点省市投放的路牌广告和3支电视广告。新一波宣传以家人的关爱为核心理念，通过情感诉求的方式塑造品牌，讲述发生在家庭成员之间的日常故事，包括母子篇、夫妻篇和失恋篇，体现的主题是有了家人的爱与呵护，生活中的不如意"不过是场感冒，很快就好了"。

2. 打造公益平台，支持爱心天使

999感冒灵联合全国志愿者组织打造"爱心天使"志愿者公益平台，携手全国范围内招募的"爱心天使"，帮助生活在贫困地区的困难群众和志愿者。除募集和捐赠外，999感冒灵还依托其医学、医药领域资源，对医疗志愿者所服务的基层卫生院进行人才培训、药品援助、专家会诊等系列活动，进行医学培训指导，帮助一线缺医少药的支医志愿者。2009年6月，该志愿者公益计划率先在中国贫困县数目最多的贵州进行。

6月8日，以“朋友携手，温暖你我”为主题的三九医药999感冒灵“爱心天使全国志愿者关爱行动”暨走进贵州爱心微笑大使签约仪式在贵州百里杜鹃风景名胜区举行。联合贵州团省委、邀请品牌形象代言人周华健在贵州开展了“爱心天使、走进贵州”大型公益活动，招募爱心志愿者到贵州贫困地区进行义诊，表达爱心，传递温暖。

除了周华健外，徐本禹、彭旸等明星志愿者和999感冒灵从全国招募的爱心天使志愿者一起奔赴贵州毕节、安顺等偏远山区的希望小学，利用自己的专长为小朋友唱歌，参与一系列义诊、捐赠等公益活动。周华健还给自己增加了一项任务，就是与贵州默默奉献的志愿者们一起演唱《我是明星》、《真心英雄》等歌曲，温暖关爱坚守在西部的志愿者。

作为国内首个志愿者关怀项目，999感冒灵“爱心天使全国志愿者关爱行动”得到了贵州志愿者指导中心的高度赞赏。据中心负责人介绍，西部志愿者不同于短期性的奥运、世博志愿者，也不同于西方的常规社区服务志愿者，长期坚守在贫穷落后地区默默奉献本身就是一种伟大，但他们作为志愿者同样需要全社会的温暖和关怀。活动赢得了很好的社会效应，中央电视台、各省市卫星频道、门户网站、权威平面媒体均对该活动进行了现场跟踪报道，同时使得999感冒灵的温暖形象得到进一步提升。

此外，999感冒灵还整合电视媒体资源，开展《为爱高歌》节目，进一步延续公益活动的影响力。

志愿者座谈会

金中小学关爱活动

化雁村义诊行动

明星志愿者签约仪式

3. “纵贯线”演唱会营销项目

2009年，999感冒灵在深圳冠名了“好朋友，999感冒灵之夜”的“纵贯线青春、记忆和爱”演唱会。

利用“纵贯线”全球巡回演唱会这一热门事件在各大城市开展整合营销，借助明星进一步扩大品牌影响力，在各大城市通过线上、线下开展全方位、多层次的娱乐整合营销活动，充分发挥意见领袖的作用，汇聚粉丝力量，有效提升了999感冒灵在举办城市“温暖关爱”的形象。

演唱会前广告视频

新闻发布会背板logo

活动现场横幅

4. “流感预防公益片”项目

2009年，全球范围内暴发甲型H1N1流感疫情，999感冒灵积极与国家卫生部接洽，合拍了中国首支明星代言的流感公益广告片。公益片的一大亮点是周华健受公益片的协办方999感冒灵的邀请，参与到该公益片的拍摄中。

片中首度提出“手肘捂鼻”的预防办法，当自己或者身边人出现打喷嚏、咳嗽现象时，建议马上用胳膊捂住口和鼻，可有效减少病毒大面积传播，降低流感患病几率，并由“公益明星”周华健亲身示范，直观、生动地推广甲型H1N1流感的防治知识。全国公众可在电视媒体、人流量较大的公众区观看宣传片。

通过卫生部渠道及999感冒灵的媒体资源宣传，与卫生部合作开展一系列预防甲流的工作，向大众传递权威的预防知识，使“温暖、关爱”的品牌形象通过权威机构得到进一步深化。

四、进军“网络”，互动营销

互联网时代，网络营销在品牌推广中的作用日益明显。网络人群具有更高的交互性，如果营销活动能够有创意，和网民形成良好的沟通互动，形成“病毒式传播”，可以覆盖上亿用户，实现海量曝光，迅速帮助广告主提升品牌知名度；同时，还能倾听到消费者一线的声音，提升消费者对品牌的了解和偏好，使品牌信息在活跃的关系链网络中扩散，拉近品牌与消费者之间的距离。

在互联网营销方面，999感冒灵进行了积极的尝试，除了建立自身网站，结合若干公益活动，与百度、腾讯等知名网站公益合作外，还开展了主题性的网络营销活动，取得了不俗的效果，为OTC药品如何进行互联网传播提供了不错的借鉴。

比如，2010年12月至2011年1月，999感冒灵在腾讯网开展了“倾诉感冒心情”活动。利用腾讯天然的“社区关系链”，激发出用户间自然的关爱传播，引发千万消费者见证品牌的“温暖、关爱”理念，建立良好的品牌联想，增加品牌认同感。

活动围绕“你是否曾经这样感冒过？”这个热点主题（如生活中的各种烦恼：工作不给力、心情没人懂、失恋没人疼等），引导网友聚焦大众关爱需求，响应情感诉求。结果，近10万用户主动发表“感冒”心情，呼应品牌关怀，8万网友与QQ空间好友分享999感冒灵广告视频。

同时，植入品牌关爱机制，将999感冒灵当季宣传主题“不就是一场感冒吗，很快就好”巧妙融入其中，近200万人在活动期间送出1200万次的感冒关怀，海量见证品牌关爱，22万泛关系链主动分享，有效实现活动的病毒式传播，提升活动影响力。

在活动开展的两个月间，借助更为大众、更为广泛、无地域和无时间限制的网络平台，共有369万人次（广告总点击量）关注活动。

通过网络的影响力和互动性，百万级的网友参与到999感冒灵的温暖关爱活动中来，更多人加深了对999感冒灵产品和品牌内涵的了解，也充分体验了“温暖、关爱”的品牌主题。

第四节　领跑行业，持续给力

一、销售"四连冠"

自2007年9月999感冒灵团队实施"第一品牌"项目以来，当年销售规模就实现了跨越，成为行业第一，开始逐步奠定"感冒药第一品牌"的龙头地位。据中国非处方药物协会统计，在感冒药销量排行中，2007—2009年间，三九医药旗下999感冒灵连续三年稳坐"冠军"宝座，成为中国感冒患者日常生活的首选药物。三年间的复合增长率超过20%，远远超过行业平均水平。

2010年，999感冒灵系列销售继续增长，销量连续四年位居感冒药市场第一，市场份额约14%，较2007年增长了约80%。总的来看，999感冒灵在品牌价值上实现了全方位领先，"中西结合、平衡用药、健康之道"的用药理念和差异化的情感优势得到市场广泛认可。

凭借卓越的品质和强大的品牌效应，999感冒灵先后赢得了"百姓放心药"、"消费者首选第一品牌"等10余项殊荣，在解决患者感冒困扰的同时也为他们带去了"温暖、贴心"的用药体验。

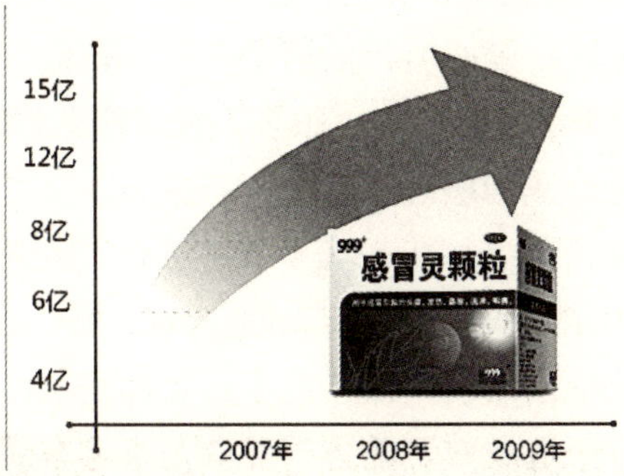

附：2007年以后，999感冒灵获得荣誉一览

2007年，在中国中药协会主办的部分省管中成药产品优质优价评选推选工作会议上，按照国家发改委价格司同意试行的《中成药优质优价评选推荐体系文件（试行）》标准和程序，999感冒灵被推荐为优质优价产品。

2008年6月起，999感冒灵在《健康报》、《健康文摘报》、《中国卫生杂志》以及搜狐频道、健康报网站发起的第四届"百姓安全用药·中成药调查评选"活动中被评为“百姓放心药”。

2008年，999感冒灵在由三九健康网、新浪、网易、优酷、京华时报、精品购物指南、健康时报以及互力健康传媒联合主办的2008中国健康年度总评榜中，被评为最受家庭欢迎常用药。

2008年，999感冒灵颗粒中西结合广告《药店买药的争执篇》在由三九健康网、新浪、网易、优酷、京华时报、精品购物指南、健康时报以及互力健康传媒联合主办的2008中国健康年度总评榜中，被评为最受欢迎药品广告。

2006—2008年度，999感冒灵连续两度被中国药店杂志社评为店员推荐率最高品牌。

二、品牌细分，区域深耕

由于城市居民保健意识不断提高、农村市场“新农合”正在广泛普及，人们对过去被认为“扛一扛”就能顶过去的感冒的重视程度在提升，这部分潜在空间在未来都可能转变为现实的销售增量。可以预见，随着“新医改”的深入，感冒药的市场体量将会持续扩容。据南方医药经济研究所预测，未来相当长一段时间内，中国感冒用药销售规模增长率将保持在9%以上。

近几年，在感冒药领域，中心城市的消费者对中药制剂的接受程度在上升，蓬勃兴起的农村市场则会更关注实际效果，很多人说“西药好，吃一盒就好”。999感冒灵既含有解热镇痛、抗过敏的缓解症状的西药成分，又含有具备抗菌抗病毒、抗流感解决根本病症的经典民间中草药，其“中西结合”见效快、副作用小的特点，有助于其实现全国范围内的品牌覆盖。

不过，感冒药的区域特征比较突出，很多药企都是从区域开始做起来的，在当地市场拥有品牌历史久、渠道成熟、熟悉消费者需求等客观优势。比如从事感冒中成药生产的香雪制药（300147.SZ），其90%的产品都在广东地区进行销售，在广东具有很强的竞争实力。作为一个领导性品牌，999感冒灵在打响全国大品牌的同时，深耕区域市场必然是一个持续用力的过程。尤其是在一线核心城市，999感冒灵还有很多路要走。这是其一。

其二，感冒药中细分品类很多，竞争激烈，市场态势日新月异。比如，抗病毒口服液作为感冒中成药的一种，其市场规模较小，2007年为2.56亿元、2009年为4.7亿元，但其年复合增长率较高，达到35.36%。在构建强大品牌的同时，999感冒灵只有时刻紧盯消费者行为的变化，才能预防领导地位被颠覆。

再者，999感冒灵的品牌已经延续20多年，但“999”毕竟是一个企业的主品牌，999感冒灵借势主品牌，对于产品前期推广的价值不言而喻。然而，这也放大了自身的品牌风险，随着竞争的深入，可能也会妨碍品牌内涵的进一步挖掘。而在感冒药的细分领域，999感冒灵开始进入“999小儿感冒药”等子领域，在每个细分市场有效建立子品牌，仍然有很多路要走。

一个成功品牌的塑造，是一个复杂的系统工程，产品研发、生产管理、渠道网络、市场营销等一个都不能少，同时，需要保证在一个长周期内，实现品牌美誉度、品牌忠诚度与品牌知名度同步成长。

而所有工作的前提，首先是要精准把握消费者需求，只有详细地观察消费者，体察消费者的利益关切所在，并对消费者生活习惯的变化随时做出动态调整，才可能基于某种细分需求构建自己的品牌价值。这一点，999感冒灵做到了，他们没有“人云亦云”，跟随行业“功能诉求”的常规做法，意识到“功效”已经是被满足的需求，在此发现的基础上，另辟蹊径，走出了“情感营销”的新路。

在感冒药市场的“战国时代”，999感冒灵以“温暖、关爱”的差异化品牌诉求，令人耳目一新，其创新的营销手段，帮助其在品牌价值上实现了全方位的领先，同时，999感冒灵的营销工作不断精细化，根据市场的不同有的放矢分配资源，分区域收割，高举高打又不失耐心细致，保障营销成效的最大化。

营销学有一个著名的“4P”理论，999感冒灵将“4P”的每一个P都变成了强大的竞争壁垒：产品上，“中西结合”的配方，综合了中药、西药的双重优势；价格上，产品定价更切合消费者为治疗感冒所花费的成本；渠道上，999感冒灵将终端渠道变成了自己的“主场”；推广上，999感冒灵从产品、电视广告、公益营销到娱乐营销打造了最高效的推广系统。

999感冒灵的案例说明，一个民族医药品牌，通过差异定位、技术创新和营销创新，审时度势，完全可以在强大外资医药品牌进逼的市场中独树一帜，成为遥遥领先的“第一”品牌！

【专家点评】

黄合水（厦门大学新闻传播学院副院长、教授、博导）

以情感诉求为主的品牌推销策略

当今荧屏，名人代言广告，比比皆是，不胜枚举。开创名人代言这一中国广告时尚的先驱，就是如今大名鼎鼎的“999”品牌。得益于代言人艺术家李默然的影响力，得益于名人代言广告这一创新性的营销举措引来的广泛社会争议，得益于产品质量和性能的可靠性和稳定性，三九胃泰很快就名扬天下，家喻户晓，几乎成为胃药的代名词。现如今，只要提到胃药，人们很难不说出三九胃泰。

三九胃泰在市场上的成功，为“999”这一品牌积累了丰厚的品牌资产，同时也为“999”的品牌延伸打下了坚实的基础。因此可以说，999感冒灵之所以能够在市场竞争十分激烈的感冒药市场中脱颖而出，首先应该归功于三九胃泰为“999”带来的良好声誉，认可了三九胃泰的消费者，也就认可了999感冒灵。

但是仅仅借用母品牌的力量，是不足以在市场站稳脚跟的。我国有许许多多从某个产品领域取得市场成功的品牌，当它们将品牌延伸到其他产品领域时，常常铩羽而归。其中的根本原因之一就是延伸产品的质量性能等问题。在药品市场，任何一种药品品牌，消费者会不会接受它，关键在于它是否具有明显的功效以及会不会带来副作用。诞生于20世纪80年代末的999感冒灵，经过20多年的市场检验，数十亿人次的反复使用，产品质量和疗效得到了消费者的广泛认可，这从根本上奠定了999感冒灵经过巧妙营销传播之后脱颖而出的基础。

有了好产品，又有了可以借用的好品牌，如何将好品牌与好产品联系在一起，并将这种关系传播出去，其关键就是广告传播。药品功能性很强，所以在长期的广告实践中，广告主常常采用的是以功能诉求为主导硬推销策略。这种策略的确使得许多感冒药品牌取得了成功。但是随着越来越多的品牌采用这种策略，品牌广告的差异化就越来越困难，广告传播的效果也越来越具有局限性。在这样的背景下，999感冒灵如何进行差异化的广告传播呢？

经过对竞争对手广告策略的细心分析和研究，999感冒灵找到并确定了以情感诉求为主的软推销策略。为此，一场有别于以往感冒药广告，以“温暖、关爱”为主题的非功能性诉求广告运动在各种媒体上展开了。这种耳目一新的广告运动，使得999感冒灵这种硬邦邦的产品也显得人性化了，也多了一份温情。伴随着这种温情，伴随着这种与众不同，999感冒灵深入人心了。当消费者知道大多数感冒药的功效大同小异时，感冒药的功能性诉求的效力减少了，而情感诉求的效力却增强了，这也是早就999感冒灵遥遥领先的"第一"品牌的另一重要原因。

自一九九二年，立时集团及所属立邦涂料产品进入中国市场，并在中国开办了几家独资企业，到如今已近二十个年头。其间，立邦从无到有，从弱到强，如今，立邦涂料在中国的销售额已突破了百亿元，市场占有率也长期保持在百分之二十四以上，并凭借在中国市场的成功跻身世界十大涂料品牌行列。

纵观立邦涂料在中国市场的发展历程，无论是一九九二年率先发力中国市场，以及其后掌握乳胶漆的产品与市场定义，还是二〇〇六年领先市场推出净味涂料，二〇〇八年开始向『提供不同生活方式』的服务商的飞跃，很大程度上，其成功的原因便在于能够敏锐地发现、创造并满足市场需求。

立邦：公益色彩，最偏爱的色彩

对于涂料行业，有“百业兴，涂料兴”的说法。在过去30年里，随着国民经济的快速持续增长，中国涂料市场也同样欣欣向荣。根据中国涂料工业协会公布的相关资料：改革开放初期，中国涂料市场年产量不过50万吨，列全球第八位；到了2003年，这一数字便已超过了240万吨，居全球第二；2009年，中国涂料市场更以744万吨的年产量首超美国，成为了全球第一大涂料市场。

角逐在这个高速增长的市场中的玩家们，不仅包括数以千计的本土涂料生产商，也有立邦、阿克苏诺贝尔（多乐士）、华润等跨国巨头。事实上，对于一家身处这个传统且看似乏味枯燥的行业里的企业而言，要建立起诸如英特尔与芯片之间的品牌联系，并且数十年如一日保持领先的市场优势，并不是一件容易的事儿。

某种程度上，这也正是立邦在中国市场创造的一个“神话”。自1992年，立时集团及所属立邦涂料产品进入中国市场，并在大陆开办了几家独资企业，到如今已近20个年头。其间，立邦从无到有，从弱到强，如今，立邦涂料在中国的销售额已突破了百亿元，市场占有率也长期保持在24%以上，并凭借在中国市场的成功跻身世界十大涂料品牌行列。

索尼创始人盛田昭夫曾经说过："企业成功的所有秘诀都包含在两个词里面：发现和创造。发现别人发现不了的客户需求；创造出让这种需求微笑的东西。客户需求是市场的灵魂，企业必须准确把握它。对于商品，顾客不仅存在着功效需求，还存在着其他需求。企业要想赢得市场成功，必须做好一件事——准确地建立起目标顾客的需求模型。"

纵观立邦涂料在中国市场的发展历程，无论是1992年率先发力中国市场，以及其后掌握乳胶漆的产品与市场定义，还是2006年领先市场推出净味涂料，抑或2008年之后向"提供不同生活方式"的服务商的飞跃，很大程度上，其成功的原因便在于能够敏锐地发现、创造并满足市场需求。

第一节　品牌先行

一、率先发力：一场从1881年开始的色彩之旅

立邦的品牌成立于1881年，是一个拥有上百年历史的日本涂料品牌，业务横跨工业和民用涂料市场。1963年，祖籍广东省潮州潮安的新加坡华裔吴清亮创办了新加坡立时集团，负责运营立邦（Nippon Paint）在亚太区的所有业务。

在拓展包括新加坡、马来西亚、香港、台湾等以华语为主要语言的国家和地区的市场的过程中，逐步形成了包括美得丽、永得丽在内的构成一个完整系统的中文产品名称体系，体系内另有雅得丽、喷得丽、丝得丽，等等。20世纪70年代以来，立邦在亚洲范围内取得了空前的发展，销售额稳居亚洲区涂料行业首位，在华语区的消费人群中取得了极高的认知度和美誉度。

1992年立邦进入中国内地之前，当时整个国内涂料市场正处于起步阶段，按照中国涂料工业协会的相关统计数据，其时涂料市场的发展速度与GDP增速基本平衡。当时，作坊式的生产、粗放型的分销以及淡薄的品牌意识是制约这个市场发展的主要问题，也与国内房地产市场的蓬勃发展极不相称，这里蕴藏着巨大的投资机会。

面对如此巨大的待开发的初级市场，看到其中现实而诱人的市场前景的动心者

并不止立邦。立邦在国内如影随形的老对手——多乐士品牌的拥有者——全球最大的建筑装饰漆供应商之一的英国卜内门太古（ICI）油漆公司也于同年在中国设立了分公司。而在此之前的1984年和1990年，ICI油漆集团已经先后在北京及上海设立了业务办事处。

然而，与ICI的慢条斯理不同，立邦在针对中国市场的布局上，则显得更为“凶猛”。

1992年10月，新加坡立时集团建成立邦涂料广东公司；同年12月建成立邦涂料中国公司；其后又斥巨资先后完成了在河北廊坊、重庆以及苏州等地的布局。通过巨资投入在国内市场快速进行生产和销售渠道建设的同时，立邦漆也颇为明确地提出了“以主导型企业的姿态促进涂料工业发展”以及“用自己的技术开发领导世界潮流的产品”这两大主题的发展方针。

立邦发力中国市场的“稳、准、狠”，很大程度上与其企业基因相关。新加坡立时集团创始人吴清亮少年时因抗日战争爆发而“下南洋”闯生活，最初是一家橡胶园中的割漆学徒工，直到1963年才创办了立时集团。进入中国市场之前，其市场主要集中在东南亚华语区，针对中国市场发力时，无论对市场的理解抑或本土化的难度都相对较小。而且，与拥有上百年历史的ICI相比，彼时的立时集团更像一家处于高速发展阶段的创业公司，无论其介入的市场还是业务链条都相对较短，因此决策和执行也都相对更有效率。

从战略布局来看，卜内门公司与中国的渊源可谓悠久，但立邦却颇为敏锐地率先发力中国，并在中国快速布局，抢得了市场先机。

二、抢占消费者心智

立邦彼时发力中国市场的一个显著特征，便是对品牌的重视。1993年，立邦进入中国市场的第二年，便针对上海市场投入了3000万元人民币用以进行广告宣传，成为了中国市场上第一个在电视上做广告的涂料品牌，随后每年都把销售的12%用以投入品牌推广，并在最初便将突破口锁定在建筑领域广泛应用的乳胶漆品类，在当时的市场上，还没有相应品牌针对乳胶漆品类有明确定位。

针对这一领域，立邦率先推出三合一乳胶漆，零售价在200元以上。但因为价格太高，立邦没有把高端产品三合一作为推广重点，而是以中端产品，价格在130—140元之间的“美得丽”、“永得丽”乳胶漆作为推广重点。由于产品和市场定位恰当，立邦迅速抢占超过50%的乳胶漆市场，在上海等大城市甚至超过70%。其后，在“三合一”的基础上，立邦连续推出“五合一”、“十合一”再到“全效合一”、“金装全效合一”，都是以功能为主要诉求，以产品功能引导消费观念。

而这，也正是当时消费者对乳胶漆认识的空白之处：除了对乳胶漆的化工产品属性不了解以外，对乳胶漆应有哪些功能也是一知半解。立邦从功能的集成化角度入手，进行命名和推广，也正是在解决消费者的困惑之处。

从技术与概念化上讲，比如乳胶漆在当初市场推广时，由于产品属性原因，消费者知之甚少。在广告宣传和终端导购中，如果不对产品性能加以形象化、具体化，推广起来相当困难。立邦提炼出“N合一”的概念进行大力宣传推广，这种做法形象具体，容易识记，消费者很快接受了“N合一”的提法。而在推净味产品时，“净味全效”、“净味120”等做法，也是相当形象具体。在广告宣传中，这种策略也体现得很多，比如立邦漆在防霉性以及抗酸碱性等硬性指标方面，一直是国内涂料市场上的一个参照标准，于是立邦在其广告中，把自己产品的抗污、防水、弥盖细纹、耐擦洗、遮盖力以及抗菌性等特点做了自信的展示。

与颇具针对性的产品市场和宣传策略相配合的，则是立邦逐年加强的广告攻势，从1993年开始确定了12%销售收入用于市场推广的投资原则之后，到2008年，首次参加央视黄金时段广告招标，并一举拿下CCTV-1《焦点访谈》前A特段的两个单元广告位，成功跻身2008年央视黄金时段广告行列。时至今日，立邦每年的广告投放投入超过3亿元。

广告“空中轰炸”的杀伤力和持续稳定的曝光率，与地面产品和销售之间互相支撑，使得立邦迅速占领了消费者心智，让消费者在潜意识里就把立邦和乳胶漆联系在一起，并一度成了行业里仿效的对象。

立邦在顾客心智中成为乳胶漆品类的领导品牌，其中的好处不言而喻，当顾客想到购买乳胶漆时，就会首先想到立邦，并且把立邦作为最优购买选择。待到立邦最强劲的对手——多乐士上市时，立邦早已在顾客心智中占据了乳胶漆的定位。尽管多乐士只落后立邦一年时间，却由此错过了最为宝贵的战略时机。顾客心智一旦形成认知，撼动便显得颇为不易。

事实上，通过抢占消费者心智，进而取得稳固的市场地位，这样的例子并不鲜见。牙膏业佳洁士和高露洁之间的此消彼长便是一则显例。在美国，佳洁士是防止蛀牙的第一品牌。然而早在1992年高露洁就发现，中国众多牙膏做的是清新口气、洁白牙齿、消炎止痛等，功能诉求还时常变来变去，而对牙膏类别中的“防止蛀牙”定位却没有一个品牌全神贯注地去抢占。结果，高露洁迅速完成抢占“防止蛀牙”的定位并凭此领导牙膏市场。几年以后宝洁反应过来，用了比高露洁大得多的预算来反攻高露洁，结果屡屡落败。

第二节　品牌驱动转型

一、“处处放光彩”后的“十年之痒”

凭借先发的优势，立邦在中国市场享受了长达十年旁若无人的高速发展期。但自2000年之后，市场却在悄悄发生变化。

首先，这个市场的竞争越来越激烈了。一方面，随着本土市场的发展整合，诸如华润涂料、三棵树、嘉宝莉等一批本土涂料品牌开始崭露头角；而另一方面，与立邦体量相似甚至更加强大的国际涂料企业如PPG、JOTUS、宣威等开始纷纷进入中国市场。

立邦当初独自花巨资、通过率先教育市场而获得的市场份额被8000多个涂料厂家分享。虽然其仍然保持着市场第一的位置，但市场份额却远没有达到30%的垄断地位；而且，市场上“香港立邦”、“日本立邦”等假冒品牌层出不穷。

与此同时，立邦的“劲敌”多乐士调整策略之后，在中国市场的追赶态势也同样迅猛。ICI集团先后斥巨资在上海、广州建立了两座自动化油漆生产工厂，并在全国十多个重要城市完成了机构布局。二者的激烈竞争，最明显的体现便在品牌上。无论电视广告、平面广告、街头路牌，几乎有立邦广告的地方就有多乐士广告。立邦打出“处处放光彩”的旗号，而多乐士则定位于“美丽的家，美丽的多乐士”；“立邦漆”的代言人是一群光屁股的婴儿，而多乐士则找来两位六七岁的活泼淘气的儿童……二者之间市场份额的差距也越来越小。

其次，消费者本身也开始发生变化，立邦1993年开始针对中国市场的广告推广，给中国人上了一堂什么叫“乳胶漆”的课，使得立邦成为消费者心目中建筑墙面漆的代名词，但经过十年的市场教育，涂料市场的消费群体和方式已经开始发生转变。

这一切，都成为立邦心头永远的“痛”。痛定思痛，立邦开始调整在华的战略，在2003年转变策略，发力木器漆市场，推出1687木器漆系列。从产能提升、销售网点、服务体系等方面开始布局，期望能弥补其在木器漆方面的不足。

但是，一是由于油性木器漆产品的原因，市场推广和销售比乳胶漆复杂得多；二是市场竞争激烈，销售成本居高不下，再加之原材料涨价等原因，使得利润远不如水性乳胶漆；三是产品与众多竞争者同质化严重，并无优势可言，一开始就陷入价格竞争的“红海”；四是品牌知名度关联性不强，消费者认为立邦的优势在于墙面用乳胶漆，并不认同立邦的油性木器漆会比长春藤、红狮好多少，受到了众多中小品牌的合力阻击，这样无形中增加了推广的难度。

基于以上原因，立邦在油性木器漆领域进展缓慢，在推出后并没有取得理想的效果。为此，“立邦漆”在中国市场经历了将近三年的迷茫期。

二、生活方式提供者

2006年是立邦漆进入中国市场的第15年，当年11月，立邦在广州举行了低调的庆祝活动。在这次会上，立邦提出了自己的战略目标：2010年在中国销售达到100亿元。

为达到这个目标，正值转型迷茫期的立邦开出了一剂“新药方”：以品牌转型驱动企业转型。在立邦2006年底举办的入华15年大会上，对整体的品牌战略和定位进行了调整，提出了由“装饰材料商”向“提供不同生活方式”的服务商转变的策略，在内墙产品线上领先行业，以“净味”作为产品主诉求，以墙面为核心提供整体的家居装饰解决方案。

相应地，2006年底开始，立邦漆的广告宣传策略率先发生了转变：当时，正值“金九银十”的销售旺季，立邦漆和老对手多乐士不约而同地在电视上播放产品广

告。立邦的“净味全效”用橘子皮篇来表现，多乐士的“超低”用墙面问题篇来表现，都是以产品功能为核心，宣传环保和健康的卖点，开始了年终销售PK赛。但令人意外的是，在12月，立邦突然转变策略，停掉所有的产品篇广告，转而在电视上播放时长60秒以“我的色彩”为主题的品牌广告。

与此同时，立邦的店面也进行了升级，统一了形象，新门头运用紫红色作底，居中凸出立邦一成不变的LOGO“N”。从立邦1995年第一个“蒙古小屋”篇品牌广告，到“小屁股”篇品牌广告，再到“我的灵感”篇品牌广告，同样是品牌广告，同样是色彩体现，但其所体现的内容明显有了质的飞跃。“蒙古小屋”篇广告体现的是：立邦是墙面粉刷材料商，能够给你带来意想不到的色彩体验。主要目的是告诉人们，如果要装修的话，请选择立邦，将给你的家居带来意想不到的惊喜。而“我的灵感”篇广告所体现的是：选择立邦，是选择一种生活方式。主要目的是告诉人们，要实现自然、自由、激情、纯洁、时尚的人生梦想，请选择立邦。而作出这种个性、张扬、自信、有品位选择的，正是“80后”一族。品牌定位与麦当劳的“我就喜欢”、中国移动的“我能”一样，锁定有消费欲望和能力的年轻白领一族。

相应地，立邦的企业定位就从一家装饰材料商跃升为一家提供不同生活方式的服务商。这与IBM“全球最大的信息技术和业务解决方案公司”的企业定位有异曲同工之妙，这使立邦谋求企业转型，打造全球最大涂料企业的野心昭然若揭。

三、渠道支撑

从最初进入中国市场时通过树立品牌优势拉动销售，到2006年通过品牌转变驱动企业转型。在很大程度上，支撑立邦漆这一策略得以实现的，是其在落地渠道搭建上的不断升级。

立邦在中国的渠道策略经历了几次变化，从20世纪90年代中期的传统渠道网点战、1999年底开始的“个性配色中心”计划，到2002年推广的“木器漆专家”概念店方案，从放任冒牌店“四处开花”到投入力量打击，从专营店、专卖店，到销售网络管理店，立邦在营销网络和渠道的争战中始终都有新招推出，并且大多能落实到位，有效地推广品牌知名度并进一步提升销售。

早期进入中国市场时，立邦的渠道政策主要有两种，一种是针对大城市的渠道政策，另一种是针对内地市场的区域性独家代理政策。早期时，立邦把1687木器漆系列单独作为一个体系，与2003年之前的乳胶漆渠道区分开来，也就是说，1687木器漆的经销商不能经营立邦最优势的产品——乳胶漆；对于乳胶漆来说，立邦一般会选择两家或两家以上的经销商，以不同的产品体系来做区隔，而立邦的乳胶漆产品品种繁多，足够支持这种产品区隔的渠道政策。

在建筑装饰涂料销售领域还很混乱的时候，立邦就开始了鲜明的渠道做法，在大中城市建立专卖店以及CCM色彩中心（CCM，立邦调色服务系统与专属设备），并于1998年开始在重要城市建立客户服务中心，设立800免费服务热线。现在看来，这不过是很平常的细分化工作，在当时来说确实需要勇气和巨大投入。

2000年初，立邦在全国推出了“个性配色中心计划”，并据此设计了CCM（Color Creation Manoeuvre）产品。消费者可以在各销售门店，通过立邦公司提供的电脑硬件和“立邦爱彩科技”Icolour软件的支持，在成千种的颜色中选择自己喜欢的颜色，设计出个性化的家居装饰效果。为了使这个计划得到更多经销商的支持，立邦不仅在硬件和软件方面大量投入，还在2001年7月与中国银行联合签署了《银企合作协议》，利用立邦为各门店提供的电脑网络，量身定做了“经销网络一路通”这一金融创新产品，由中国银行向立邦的全国经销商提供包括流动资金和商用消费信贷封闭式贷款在内的统一授信，以帮助更多的经销商加入这一领域，加快CCM系统的市场引入速度。

立邦“个性配色中心计划”的成功推广，不仅使立邦品牌的市场份额加大，也意味着在厂商与渠道之间，建立了一种更为紧密牢固的“价值同盟”。而且，也使立邦打造“协同式渠道”的共同远景初具雏形。

立邦在全国已建立起的1000余家分属不同代理商、零售商的CCM个性配色中心，很快成为他们新的利润增长点，使立邦迅速成为各自区域市场的“标杆品牌”；很多经销商通过CCM的实际推广，也重新定位了自己企业的发展方向；同时，原有渠道的产品份额以及销量也得到了相应支撑，保持了良好的产品比例与销售增幅，渠道对于厂商的忠诚度也大大提高。

为进一步升华品牌价值，立邦致力于打造一个“渠道共享平台”，在每一个大中城市成立了以区域市场管理和渠道服务为职能的“立邦服务中心”，如通过安装在网点的POS机对终端信息进行销售分析，举办面向某一区域或特定客户的技术研讨会，专为工程客户开放的“立邦工程资讯网站”，面向经销商、消费者的800呼叫中心，面向装潢工、家庭用户的涂装、色彩技能训练以及一线营业人员的推销培训课，等等。这些都能够帮助稳定渠道和增加销售机会，为经销商和消费者提供技术支持和指导，打造渠道增值平台。

2007年时，立邦对渠道进行了一些调整，区域的销售网络管理店开始提上日程，也即要求区域核心客户加大产品和资金上的投入，立邦对它们也采取规模的倾斜。立邦公司首先对于网管店系统的具体店址、规模等做出统一规划，然后要求合作的经销商按照其意愿进行网络扩张，对于在区域市场上不能完全配合的经销商，立邦的政策是强制性立即收回经销权，或缩小其经营范围，让出空白区域，由愿意跟随立邦公司政策走向的经销商来继续经营。这相当于把涂料当成普通消费品来做。

同时，立邦在一些地方取消了独家代理，在一个地级市场内可能会有三十几家经销商或零售店，并且规定只许经销商经营立邦产品，未经立邦书面授权，经销商不能同时经营其他品牌的涂料产品。对于县乡等三四级市场，立邦开始直接插手管理和维护，比如直接由立邦的办事处供货，新开发的地级经销商将不再拥有向下级市场批发的授权等。除此之外，立邦还单独设立了区域木器漆独家服务商。对渠道的重整，进一步加强了立邦的市场渗透力，并为其战略转型提供了支撑。

第三节　为爱上色

随着立邦品牌定位由“装饰材料商”向“提供不同生活方式”的服务商的转变，渠道与品牌认同必须更加深化到三四级城市，这也意味着，立邦必须面对一个问题，即品牌如何在产品和功能之外，提供给消费者更多的内涵，毕竟“生活方式”背后更需要的是积极、健康的价值认同。

与实现这一目的颇为匹配的一个着手点，则是社会公益活动。按照哈佛商学院教授、著名管理学家迈克尔·波特的观点：“公司需要从被动的行动中摆脱出来，主动把社会事业融入到企业的竞争战略中去。”事实上，这也与立邦内部常常被强调的一句话有异曲同工之妙：“先舍而后得”。据说，这来自新加坡立时集团创始人吴清亮自幼孤身闯荡南洋的个人体悟。

2009年开始，立邦启动了名为“为爱上色”的社会公益行动计划，活动的内容则和立邦漆自身的业务特点息息相关。根据介绍，立邦计划在三年时间里，免费涂刷100所希望小学的外墙，目的则是通过美化校园外观改善教学环境，来提升孩子们的学习效能，启发他们对梦想的想象力。而除此之外，立邦还与中国青少年发展基金会共同设立了“立邦色彩希望工程基金”，这个专项基金则用于持续捐建“立邦希望小学”以及“立邦美术教室”。

截至2009年，立邦“为爱上色”活动已经在国内24个省64个城市陆续展开，并顺利完成了至少73家学校的免费涂刷，建造了超过25所“立邦小学”。2010年完成超过百所学校的涂刷及超过百个立邦快乐美术教室的捐建。

与一般企业单向主导的社会公益活动不同，立邦“为爱上色”项目更像一个开放的公益活动的平台。一个显著的特点是，在活动的过程中，立邦更善于“拉帮结派”、“呼朋唤友”：在“用爱为希望上色”的理念之下，立邦不断吸纳其他品牌的加入，如今这个活动的合作伙伴包括活动战略伙伴杜邦公司，合作涂刷的企业包括大连实德、可口可乐、资生堂、摩托罗拉以及陶氏化学等企业。平台化的努力在很大程度上既可以提高这个活动的社会影响力，也同时为这项公益活动持续推进提供了支撑。

除了开放自身的企业责任项目，“为爱上色”公益活动作为平台的别致之处还包括互动：在活动持续的过程中，不断地拉动消费者参与，所有项目都在整合营销的方式下进行，如，立邦通过和知名门户网站公益媒体平台的合作，打造了相应的参与平台，吸纳了上亿规模的网友参与。为希望小学涂刷的外墙、涂刷的设计方案都在过程中由网友设计、投稿，从中进行选择，很大程度上，这也是立邦与消费者以及公众互相交流互动的平台。在过程中结合全程影像记录形式，让消费者通过平面影像和视频更加了解希望小学的孩子们的生活和学习，也透过这样的方式与孩子们进行互动。

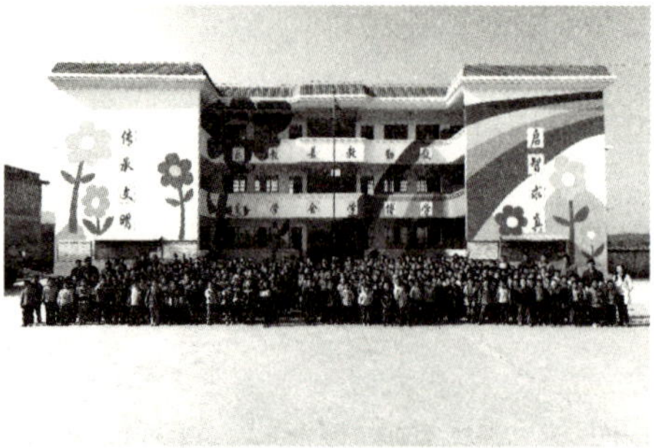

同时，大批网友和媒体朋友受邀参加学校的回访活动，使得“为爱上色”计划有了持久延续的生命力。立邦通过“为爱上色”计划搭起的公益平台吸引了立邦广大员工和上千个经销商的积极参与，他们不仅动手为孩子们美化校园环境，还通过回访对彩色希望小学进行持续关注，更有越来越多的立邦同仁及立邦经销商“认养”了各自辖区内的彩色希望小学，从小学美化开始并通过回访行动了解孩子们的需求。

事实上，在2000年之后，随着消费者消费需求的升级、审美诉求的提高，在涂料市场上，无论多乐士或立邦，着力主打的产品卖点便是色彩。而立邦通过“为爱上色”（color， way of love）企业社会责任（CSR）项目，通过将色彩与梦想、希望以及爱的关联，大量利用开放的公益平台和互动的设计、新颖的整合营销传播及丰富的公关传播营销手法，来丰富立邦品牌的色彩内涵，立邦品牌被赋予了新的诠释意义与内容。

【专家点评】

陈富国（Interbrand中国区主席兼CEO）

通过广告和渠道管理来支持品牌的塑造和转型

过去的20年间，中国建筑装修涂料市场经历了一个非常浓缩而典型的“教育——收获——迷茫——突围”周期。立邦作为一个较早进入中国市场的国际涂料品牌，承担了早期的导入观念、教育消费的责任，也因此享受了市场先行者的低成本建立品牌、收获品牌溢价的好处。这个案例为立邦品牌的早期操作经验提供了一个不算详细但却具有全景意义的描述。从中读者可以领略到一个以品牌为利器的市场开拓者的眼光：从产品的布局到市场营销重点的选择考量，企业主品牌和产品品牌之间的配合方式，超越产品功能的情感形象的塑造，通过广告和渠道管理来支持品牌的塑造和转型，等等。遗憾的是，由于篇幅所限，案例未能就这些问题作充分的展开，读者可能会感觉是在雾里看花，知其然而难知其所以然。

2010年，立邦提交的案例重点在于“‘为爱上色’社会公益行动”的规划和实施。按照案例文本的叙述结构，我们可以将这个案例视为支持立邦品牌从“装饰材料商”向“提供不同生活方式的服务商”转型的一个重要布局。我们在前面已经看到了立邦在门店和其他环节上，通过以区域市场管理和渠道服务为职能的“立邦服务中心”、“立邦工程资讯网站”，强化对于特定工程客户、经销商、装潢公司和消费者的技术支持。在此背景下，“‘为爱上色’社会公益行动”可以看作是立邦品牌关怀学生生活和学习环境的精神体现。与现在已经变得十分普遍的这一类活动相比，这个案例给予我们的启发在于它的开放性。整个活动过程不仅吸纳了一些有实力的大型公司的参与，还召唤了消费者投入到立邦品牌所倡导的改善学生学习生活环境的活动中去，并注重活动的纵向持续效应，延拓了品牌与消费者的对话空间和时间。

【评委简介】

白长虹

南开大学旅游与服务学院院长、品牌营销与服务管理系教授、博导

白长虹，南开大学旅游与服务学院创始院长、品牌营销与服务管理系教授、博导；曾任中华全国学联副主席，丽江市政府市长助理（挂职），南开大学商学院副院长，国企总经理，外企首席代表。主持的研究项目有国家社科基金重点课题“中国现代服务业发展战略研究”、国家自然基金课题“服务品牌内化研究：概念、测评与管理”、中央电视台“CCTV广告与品牌经营国际化”、深圳发展银行“精益服务系统”、天津海滨休闲旅游区文化与品牌战略研究等。

陈富国

Interbrand中国区主席兼CEO

陈富国，Interbrand中国公司的首席执行官，负责中国业务的开拓，并且在中国向客户提供Interbrand的专业品牌咨询服务。

拥有近20年的中国市场研究和相关的营销和品牌战略咨询经验。长期从事商业性中国市场与企业研究与咨询，工作方向集中在企业竞争战略、品牌管理和消费者深度研究等领域。部分研究成果刊载在《哈佛商业评论》、《21世纪经济报道》、《财富》、《经济观察报》等主流财经媒体上；是各类专业会议与论坛（中央电视台、第一财经、中国日报香港CEO论坛和联合国内部会议等）的特邀嘉宾。

上海市经委品牌促进中心特聘专家、中央电视台特聘专家、联合国内部品牌研讨受邀专家、上海师范大学特聘教授。在2002年加入Interbrand之前，曾任中法合资央视—索福瑞媒介研究公司副总经理、上海大正市场研究公司总经理。

数学学士、统计学硕士、北京师范大学心理学博士和中欧国际商学院（CEIBS）EMBA。

陈濮

Interbrand中国区执行策略总监

陈濮，台湾政治大学广告学学士，美国西北大学Medill学院整合传播硕士。他是品牌的忠实信仰者和实践者：品牌不仅仅是一个标牌，它代表着相关群体眼中与该业务相关的全部。他相信品牌叙述了我们如何看待世界。因此，一个成功的品牌策略一定是其业务策略的全面反映，反之亦然。

陈濮负责并参与创建的品牌包括：万科集团、中国银联、招商证券、张小泉、威猛先生、Windex清洁剂、康师傅等。

陈　刚

北京大学新闻与传播学院副院长、教授、博导

陈刚，北京大学新闻与传播学院副院长、广告学系主任，北京大学现代广告研究所所长、博士生导师，《广告研究》杂志编委会主任。中国广告协会学术委员会副主任，中国广告主协会专家组成员，中国电信、中央电视台、新浪等多家大型企业和媒体顾问。

曾荣获“2003年中国广告业年度十大广告学人”和“北京大学十佳教师”称号。曾出版《新媒体与广告》等广告学专著，所提出的广告集团化、广告与公关、户外广告、中国广告业发展模式、中国媒体经营模式以及新媒体营销传播等研究观点在业内引起广泛关注。

陈一枬

威汉营销传播集团主席兼CEO

陈一枬，威汉集团的创办人，毕业于美国威斯康星麦迪逊大学，主修市场营销，又先后在加拿大、中国香港和中国内地工作达28年。才华横溢的她是众多知名杂志专栏文章的撰稿人，也常受邀参与大规模的讲座论坛并担任演讲嘉宾。她不仅是香港管理协会理事、香港贸易发展局服务业推广委员会委员，同时还肩负着香港理工大学、香港大学专业进修学院、香港市务学会顾问的职责。近期，更是被Worldwide Partners Inc 委以亚太区董事一职。另外，每年她都会受邀担任中国杰出营销奖评委。

黄合水

厦门大学新闻传播学院副院长、教授、博导

黄合水，北京师范大学心理学博士，厦门大学新闻传播学院教授、博导、副院长。著有《广告心理学》、《广告调研方法》、《品牌学概论》、《品牌与广告的实证研究》、《品牌研究经典案例》、《广告研究经典案例》、《广告五字诀》等。

黄升民

中国传媒大学广告学院院长、教授、博导

黄升民，中国传媒大学广告学院院长、教授。1978年至1982年，就读于北京广播学院新闻系编采专业。1982年毕业分配到中央电视台专题部工作。1989年4月毕业于日本一桥大学研究生院，获社会学硕士学位。1990年底回国，在北京广播学院任教。1993年被破格评为副教授，担任新闻学广告学专业方向硕士生导师，兼任新闻系副主任。1995年被破格评为教授。1999年担任新闻传播学院副院长、广告学系主任。1999年被评为博士生导师。2002年担任广告学院院长职务至今。

蒋青云

复旦大学管理学院市场营销系主任、教授、博导

蒋青云，经济学博士。现任复旦大学管理学院市场营销系教授、系主任，兼任香港大学商学院荣誉教授、中国市场学会副秘书长，曾任香港中文大学和美国麻省理工学院斯隆管理学院访问教授。

研究专长主要集中于营销渠道、网络营销和品牌管理领域。在专业刊物发表论文50多篇，出版有《国际企业营销》等著作，主持或参与完成政府委托及国际合作项目10多项，主持各类企业咨询项目30多项，还为100多家企业提供了管理培训服务。目前，担任多家公司的管理顾问或独立董事。

卢泰宏

中山大学管理学院教授、博导，中国营销研究中心（CMC）主任

卢泰宏，中山大学国际营销学教授、博导，中国营销研究中心（CMC）主任。主要研究领域：消费者行为、品牌管理、中国营销、营销传播与广告。主持中国国家自然科学基金项目、国家教委“九五”规划项目、国家教育部“十五”规划项目等多项国家科研课题；获国家教委首届人文社科优秀著作一等奖及国家科委、国家新闻出版署多项学术奖励。现任美国营销协会（AMA）会员，《营销科学学报》（JMS）编委，中国市场学学会常务理事、中国商业联合会专家委员，《销售与市场》杂志顾问。被评为“2005中国最具影响力的10位管理学教授”（世界经理人，2005），“影响中国营销进程的25位风云人物”（2004），“推动中国企业品牌化进程的50位风云人物”（中国品牌价值研究中心，2007）。主要著作有《消费者行为学》（国际中国版）、《中国消费者行为报告》、《解读中国营销》等。

王海忠

中山大学管理学院市场学系主任、教授、博导

王海忠，中山大学市场营销教授、博导，市场学系主任，中国品牌战略研究中心（CBC）主任；市场营销博士、博士后。2009—2010年在美国密西根大学Ross商学院做访问学者，与国际权威营销学者、密西根大学市场营销系前任系主任Rajeev Batra教授合作研究。现担任国家教育部首个重大课题“加快中国企业国际知名品牌发展战略研究”首席专家（主持人），《营销科学学报》品牌管理主编，中国市场学会学术委员会委员、副秘书长，中国高校市场学研究会学术委员会委员等社会职务。为中国移动、中国石油、中国银行、中国华润集团、广州地铁集团、招商银行、美的集团、立白集团等众多国内外知名品牌提供培训与咨询服务。

余明阳

上海交通大学品牌研究中心主任，管理学院教授、博导

余明阳， 深圳大学、华中科技大学（双聘）教授，品牌中国联盟专家，品牌传播方向研究生导师。1979年起先后攻读并荣获浙江大学哲学学士学位、复旦大学经济学硕士学位、复旦大学经济学博士学位、复旦大学管理学博士后。作为中国第一代咨询人，中国最早研究品牌、广告与公共关系的学者之一，10多年来以总策划的身份为海内外上百家著名企业主持策划。被誉为“中国十大策划人”、“2002年中国十大策划风云人物”、“2003年中国广告业年度人物”等。

赵　平

清华大学经济管理学院市场营销系主任、教授、博导，中国企业研究中心主任

赵平，清华大学经济管理学院市场营销学教授、博导、市场营销系主任，中国企业研究中心主任。同时，他还兼任《营销科学学报》主编，中国市场学会学术委员会主任，以及若干中外大型企业的管理顾问。他的主要研究领域是满意度理论及应用、品牌创建与管理、营销战略与策略。他主持了10余项国家和部委的重要研究课题和50余项企业委托的研究课题，出版了20余本书籍并发表了130余篇相关领域的学术论文。他的许多研究成果不仅在学术上具有理论价值，而且在实践中获得了广泛的应用。